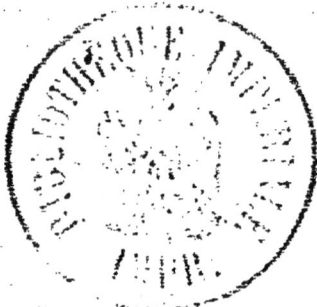

LES

DON JUAN

DE VILLAGE

COMÉDIE

Représentée pour la première fois, à Paris, sur le théâtre du Vaudeville,
le 18 août 1866.

PARIS. — J. CLAYE, IMPRIMEUR

RUE SAINT-BENOIT, 7.

LES
DON JUAN
DE VILLAGE

COMÉDIE

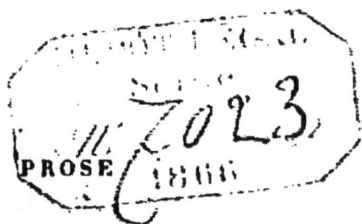

EN TROIS ACTES, EN PROSE

PAR

GEORGE SAND ET MAURICE SAND

PARIS

MICHEL LÉVY FRÈRES, LIBRAIRES ÉDITEURS

RUE VIVIENNE, 2 BIS, ET BOULEVARD DES ITALIENS, 15

A LA LIBRAIRIE NOUVELLE

—

1866

PERSONNAGES

JEAN ROBIN, dit *le Saccageur*. . . .	MM. PAUL DESHAYES.
CADET-BLANCHON.	SAINT-GERMAIN.
GERMINET.	PARADE.
PIOTTON, garde champêtre.	DELANNOY.
JORDY.	COLSON.
GERVAISE . . . . . . , ...	Mmes FRANCINE CELLIER.
LA GRAND' JEANNE.	LAMBQUIN.
MARIETTE.	BLOCH.
TOINET	LAURENCE GRIVOT.
UNE PETITE MENDIANTE	ADÈLE GÉRARD.

JEUNES PAYSANS de la bande du Saccageur.

S'adresser, pour la mise en scène de la pièce, à M. A. Vizentini,
régisseur général du théâtre du Vaudeville.

LES
DON JUAN
DE VILLAGE

ACTE PREMIER.

Un carrefour de hameau. — A la droite du spectateur, le cabaret du père Germinet, maisonnette rustique, avec la porte en fuite au second plan, et une fenêtre de face, au premier plan, avec contrevent et balcon à hauteur d'appui. Plus au fond, le long de la maisonnette, un escalier de quelques marches monte à une tonnelle ombragée qui se perd derrière la maison. — A gauche, un mur rustique en mauvais état, avec une porte au premier plan. Derrière le mur, arbres et maison rustique plus importante que celle de Germinet. — Au fond, le village. — A droite, devant le cabaret, une table et des bancs ; à gauche, un tonneau vide et un tronc d'arbre servant de siège.

SCÈNE PREMIÈRE.

GERMINET, PIOTTON, TOINET, qui va et vient.

PIOTTON, fumant sa pipe,
assis à une table devant une bouteille et un verre.

C'est la véritable vérité, mon pauvre père Germinet, que ça va très-mal, depuis une emphase de temps, dans notre bourg et dans toute la paroisse.

1

GERMINET.

Garde champêtre, mon ami, je peux pas vous dire que ça va bien quand ça va pas bien, et faudrait pas me prier beaucoup pour me faire fermer mon cabaret.

PIOTTON.

C'est qu'il ne va plus que d'une aile, votre bouchon, du depuis que la bande aux saccageux s'est adonnée-z-à l'auberge de la Roulotte.

GERMINET, avec mépris.

Parce que la Roulotte est une femme sans cœur, une effrontée qui vend la bière et le café.

PIOTTON.

Et de la mauvaise liqueur, de la fausse cognac, un tas de couleurs qui fait mépriser le vrai petit vin du pays et la vieille eau de coing si souveraine à l'estomaque.

TOINET, touchant la bouteille.

En souhaitez-vous encore une goutte, monsieur Piotton?

PIOTTON.

Non, petit! c'est assez d'une; il ne faut point qu'un garde champêtre se pique le nez, surtout z'un jour de fête patronale. Heureusement, aujourd'hui, il n'y aura pas grand bruit dans nos murs! Ces jeunes libertins ont été faire la conduite à leur camarade Pochet.

GERMINET.

Celui qui s'est vendu comme remplaçant?

PIOTTON.

Et qui, au lieu de payer ses dettes avec l'argent de son bourgeois, a mangé le tout avec les autres bandits et les femmes d'inconséquence. (Gervaise sort du cabaret.)

GERMINET.

Oui, et à l'auberge de la Roulotte encore!

SCÈNE II.

LES MÊMES, GERVAISE.

GERVAISE.

Vous vous plaignez toujours de la Roulotte, mon père. Tâchez plutôt de faire comme elle, et la pratique vous reviendra. Mais, si vous voulez renvoyer ceux qui aiment à rire et à chanter, il ne faut pas laisser le houx sur notre porte.

GERMINET.

Moi, je te dis que les joueux de billard et les buveux de café, c'est de la pratique que j'en donnerais pas deux sous! Des vendus, des ivrognes, des suborneux de jeunesse, les Pochet, les Cadet-Blanchon, et leur chef de file, le fameux Jean Robin, dit le Saccageux!

GERVAISE.

Pour les Pochet et les Cadet-Blanchon, je ne dis pas. Mais vous qui parlez, monsieur le garde, je vous croyais bien avec eux, et même avec Jean Robin.

PIOTTON.

Moi?

TOINET.

– Dame! on vous a vu trinquer avec lui plus d'une fois, et pas plus loin que ce matin.

PIOTTON.

Mon Dieu! c'est pour avoir la paix! d'ailleurs, lui, c'est pas le pire de la bande!

GERMINET, regardant sa fille.

Faites excuse, garde, c'est le pire.

PIOTTON.

Vous dites bien, père Germinet, mais ça n'est pas le plus pire!

GERVAISE.

Le plus pire, comme vous dites, c'était Pochet le vendu! mais le voilà parti, et à présent... peut-être que Jean Robin, par exemple...

GERMINET, soupçonneux.

Quó que tu dis de Jean Robin, toi?

GERVAISE.

Moi? Je... je n'en dis rien, mon père!

GERMINET.

Si fait!... tu penses que...

GERVAISE.

Je pense que, s'il n'était pas entraîné par la mauvaise compagnie...

GERMINET.

Tu sais pas ce que tu dis; c'est lui qu'entraîne tous les autres, et Cadet-Blanchon n'est devenu mauvais sujet que depuis qu'il le fréquente!

PIOTTON.

Vous dites bien, père Germinet!

GERVAISE.

Mon Dieu! vous, monsieur le garde, vous dites toujours comme le dernier qui parle.

GERMINET, à sa fille.

Et toi, t'as l'air de vouloir défendre le Jean. Écoute ici, petite.

GERVAISE.

Quoi, mon père?

GERMINET.

Est-ce que tu connais Jean Robin, toi?

GERVAISE.

Dame! je le connais... comme on connaît les autres gens de l'endroit.

GERMINET.

Bon! mais tu sais que, depuis que t'es en âge de raisonnement, je t'ai défendu d'y parler, de lui répondre seulement une parole si il te parle, et de rester tant seulement une minute dans les endroits où il se trouve.

GERVAISE.

Oui, mon père, vous me l'avez défendu.

GERMINET.

Et t'as pas désobéi, je pense?

GERVAISE.

Non, mon père.

GERMINET.

C'est que, vois-tu... si t'avais le malheur... je t'ai jamais frappée... je suis pas un homme emporté; mais, pour une chose comme ça, je crois bien que je te casserais un pichet sur la tête.

TOINET.

Oh! papa!

GERMINET, à Toinet.

Et toi, petit, je te défends de jamais suivre la bande aux saccageux dans les rues et su' les chemins, comme font les aut's gas, ou, sinon, gare les oreilles.

PIOTTON.

Soyez donc pacifique et modéré, père Germinet. Vos enfants sont sages et bien élevés, surtout le jeune homme, et surtout la demoiselle. Et, là-dessus, je vas donner un coup de pied z'à la place ousque la fête est déjà-z-entamée.

GERVAISE.

Vous me permettrez bien d'aller un peu danser, mon père?

GERMINET.

Danser?... Et m'aider, moi?... Il peut me venir du monde, aujourd'hui l'assemblée!

TOINET.

Moi, je vous aiderai, papa; laissez-la s'amuser un peu, ma sœur!

GERVAISE.

Rien qu'une contredanse ou deux ?

GERMINET, bas, au garde.

Vous êtes sûr que les saccageux y sont pas, à la danse ?

PIOTTON.

Je vous en délivre mon certificat. Ils sont tous partis au petit jour.

GERMINET.

Eh bien, une contredanse, pas pus, et tu reviendras. (Il entre dans le cabaret.)

GERVAISE.

Ah ! merci, mon père. (A part.) Il sera peut-être revenu !

PIOTTON.

Mêmement que, si c'était un effet de votre complaisance, mamselle Gervaise, je vous offrirais ma compagnie et ma protection.

GERVAISE.

Je veux bien, monsieur le garde.

PIOTTON.

Pour lorsse, je va-t-à mon logis prendre ma pique, et je reviens vous chercher. (Il sort.)

SCÈNE III.

GERVAISE, TOINET.

TOINET.

Dis donc, pourquoi est-i' fâché comme ça, papa, quand il te parle de Jean Robin ?

GERVAISE.

Est-ce que je sais!

TOINET.

Il n'est pourtant pas méchant, Jean Robin!

GERVAISE.

N'est-ce pas qu'il a un très-bon cœur?

TOINET.

Dame, oui! quand il me rencontre, il me rit toujours et il m'appelle. « Viens là, mon gamin! qu'il me dit; comment qu'on se porte chez vous à ce matin? Et toi, es-tu bien sage? Aimes-tu bien ta sœur? » Et moi, tu penses si je réponds : « Oui bien. » Alors, il me tape sur la tête, pas fort! et, si il est en train de goûter avec ses camarades, il me fourre des galettes et des macarons plein mes poches, et, si c'est à la foire, il m'achète des billes, des osselets, des dominos, toute sorte de jeux pour m'amuser.

GERVAISE.

Eh bien, puisqu'il t'aime tant que ça, as-tu pensé que c'était aujourd'hui la Saint-Jean?

TOINET.

Sa fête? Pardi! tu m'y as fait penser hier soir; mêmement que tu m'as conseillé de lui cueillir un bouquet de notre jardin.

GERVAISE.

Non! c'était ton idée, à toi!

TOINET.

Peut-être bien; mais, sans toi, je l'aurais bien oublié.

GERVAISE.

Est-ce que tu as pensé à le lui porter... ce matin?

TOINET.

Bien sûr que j'y ai pensé, mais je l'ai pas trouvé chez lui.

GERVAISE.

Ah! il était déjà parti pour faire la conduite?

TOINET.

Oui; mais y avait Cadet-Blanchon qu'était en retard comme toujours, et qu'a pris mon bouquet pour lui donner.

GERVAISE.

Et tu crois qu'il y pensera?

TOINET.

Il m'a bien promis!

GERVAISE.

Est-ce que tu avais mis un ruban à ton bouquet?

TOINET.

Oui, le ruban que tu m'as donné pour lier mes fleurs.

GERVAISE.

Pourvu que.Blanchon n'aille pas crier tout haut que ça vient de chez nous!

TOINET.

Oh! Cadet-Blanchon sait bien qu'il ne faut pas dire que nous sommes amis, le Jean et moi, parce que papa ne veut pas que je coure où on s'amuse. Mais, dis donc, tu ne lui parles pas, toi, à Jean Robin?

GERVAISE.

Oh! non!

TOINET.

Il ne faut pas, vois-tu!... parce que papa... il n'est pas méchant, mais il avait l'air bien en colère tout à l'heure, je sais pas pourquoi!

GERVAISE.

Sois donc tranquille... Mais qu'est-ce qui fait donc du bruit comme ça du côté de la place?

TOINET.

C'est peut-être des meneux d'ours! Je vas voir un peu! (il sort en courant.)

GERVAISE.

Oh! ce n'est pas ça! c'est lui qui revient. Il a reçu le ruban, il a compris...

SCÈNE IV.

GERVAISE, PIOTTON, avec sa pique; puis GERMINET.

GERVAISE, agitée.

Eh bien, partons-nous, monsieur le garde? Voilà la fête qui commence.

PIOTTON.

Oh! ça, c'est la bande aux saccageux qui rentre au village. Adieu la danse, mademoiselle Gervaise!

GERVAISE, lui prenant le bras.

Emmenez-moi tout de suite.

GERMINET.

Minute! v'là des vacarmes que je connais! Oh! oh! c'est la mauvaise bande! Gervaise! à la maison tout de suite! Et où donc ce qu'il y a le petit? Toinet! Toinet! Eh bien, ils viennent par ici, ces enragés? (A Gervaise.) Va dans la chambre, et vite! A qui que je parle? — Où donc qu'ils vont? (Gervaise rentre, Germinet pousse le contrevent.)

PIOTTON.

Ma foi, Germinet, on dirait qu'ils viennent boire chez vous.

GERMINET.

J'ai pas besoin d'eux; ça porte plus de nuisance que de profit, ces mondes-là!

SCÈNE V.

Les Mêmes, JEAN ROBIN, CADET-BLANCHON, portant TOINET en triomphe; JORDY et UNE DOUZAINE D'AUTRES.

JEAN, le bouquet de Gervaise à la boutonnière.

Assez chanté, la musique! assez crié, les amis, nous y voilà.

I.

Je vas commander le repas, c'est moi qui régale à l'auberge du père Germinet.

TOUS, criant.

Oui! oui! c'est ça, à l'auberge de Germinet!

GERMINET.

A mon auberge! vous vous trompez, c'est un cabaret, et c'est pas assez beau pour vous, Jean Robin. (A Toinet.) Qué que tu fais là, toi?

BLANCHON.

Ah! le pauvre mignon, c'est nous qu'on l'a empêché d'être écrasé par une charrette!

GERMINET, ému.

Écrasé! (Il regarde le petit. — A part.) Il est pas seulement tombé! (Il regarde Blanchon et Jean avec méfiance.)

JEAN.

Ah çà! voyons, combien de convives? Y sommes-nous tous? Jordy!

JORDY.

Présent pour le quart d'heure! Nous y sommes tous.

JEAN, à Germinet.

Alors, il s'agit de faire à dîner pour une douzaine de jolis garçons, qui veulent tâter de votre cuisine.

GERMINET.

Oh! ma cuisine!...

JEAN, allongeant des pièces de cinq francs sur la table.

Si votre cuisine est à bas, voilà de quoi la remonter. Allons, maître Germinet, à l'ouvrage!

BLANCHON.

A l'ouvrage!

GERMINET.

Et vous payez d'avance?

JEAN.

Toujours!

BLANCHON, mettant deux pièces de cinq francs sur la table.

Toujours! toujours!

GERMINET, à part.

C'est différent! (Haut.) Et qu'est-ce que vous souhaiteriez donc manger dans mon cabaret?

BLANCHON.

Voyons votre menu, père Germinet.

GERMINET.

Du menu? J'ai pas de ça, mais j'ai du veau.

JEAN, à Blanchon.

Aimes-tu le veau, toi?

BLANCHON.

Oui, avec des choux et des saucisses. Qu'est-ce que t'en dis, toi, Jordy?

JORDY.

Moi, je préférerais de la volaille avec du lard dessusse.

JEAN.

Va pour le veau, les choux, les saucisses et la volaille.

GERMINET, bas, à Toinet.

Va-t'en vitement attraper nos vieilles poules... celles qui ne pondent plus. (Toinet sort.)

JORDY.

Aura-t-on le café?

GERMINET, à part.

J'en ai pas. (Haut.) Du café? Oh! je saurai ben vous en faire!... Souhaitez-vous de l'eau de coing?

JORDY.

De tous les coins. (Les autres rient.) Germinet, auriez-vous des truffes?

GERMINET.

Je sais pas ce que c'est.

BLANCHON.

C'est des pommes de terre malades.

GERMINET.

J'en ai! Ah çà! vous v'là chez moi : c'est donc que vous êtes brouillés avec la Roulotte?

BLANCHON.

Pour le moment. (Regardant Jean.) Qu'on nous serve bien ici, et...

JEAN, faisant le moulinet avec sa canne.

Et nous la lâchons!

BLANCHON, même jeu.

Et nous la lâchons! pas vrai, les autres?

TOUS.

Oui! oui!

GERMINET, triomphant.

Oh! alors... du moment que... A quelle heure qu'il vous le faut, ce dîner?

JEAN, tirant sa montre.

Dans une heure, si c'est possible.

GERMINET.

J'imagine qu'en attendant, vous n'allez point rester le gosier sec?

JEAN, frappant avec sa canne.

Apportez toujours!

BLANCHON, même jeu.

Apportez! nom de nom, de nom, de nom!

GERMINET, à Toinet.

Va chercher à boire! (A Jean.) Cassez pas les tables!

JEAN.

Qui casse les tables les paye!

BLANCHON, frappant.

On a de quoi!

GERMINET.

Oh! Jean Robin, il a ben le moyen! mais, toi, je crois pas!

TOINET, versant à boire, bas, à Jean.

Je suis content de te servir, mon Jean!

JEAN.

Merci, mon garçon! (Haut, levant son verre.) Vive le père Germinet!

BLANCHON, faisant claquer sa langue.

V'là du fameux vin!

JORDY.

Moi, je trouve qu'il sent comme un goût...

BLANCHON.

Un fin goût de pierre à fusil.

GERMINET, à part.

Ils trouvent mon vin bon? Ils viennent pas pour boire. (Haut.) Alors, enfoncée la Roulotte, pas vrai?

JEAN.

Enfoncée la Roulotte!

BLANCHON et LES AUTRES.

Enfoncée la Roulotte!

GERMINET.

Les oreilles en sonnent! (A Toinet.) Viens m'aider! (A part.) C'est-il bien vrai qu'ils sont brouillés avec la Roulotte? (Il sort.)

SCÈNE VI.

LES MÊMES. hors GERMINET et TOINET.

PIOTTON.

Des lorsse... du moment que...

JEAN.

Silence! le garde champêtre va parler.

BLANCHON.

Monsieur Piotton, portez la parole.

JORDY.

Il peut pas porter ce qu'il a pas. C'est moi que je vas faire un piche, comme on dit à c'te heure.

BLANCHON.

Non! non! faut laisser parler l'autorité.

PIOTTON.

Pour lorsse, mes enfants, du moment que... vous vous rangez sous la bannière de l'amitié qui m'unit z' au père Germinet, et que vous ne délinquez pas à la loi... (criant), défoncée... non, renfoncée la Roulotte!

TOUS, criant.

Renfoncée la Roulotte!

JEAN, à Piotton.

Toi, monsieur le garde, on t'invite également au festin et à la boisson.

PIOTTON.

Moi? Oh! merci, jeune homme. Vous en prenez trop, de la boisson, et je sais ce qui en résulte.

JEAN, lui mettant un verre dans la main.

Ah! tu t'imagines que tu vas garder ton sang-froid, pour nous empoigner ce soir, si nous faisons le tapage? Non pas! non pas! Garde, mon ami, tu boiras avec nous, c'est moi qui te le dis!

BLANCHON.

On te prend pas en traître, tu peux pas te plaindre, et, pour commencer, nous allons trinquer tous deux avec le petit blanc au père Germinet.

PIOTTON.

Eh beh, rien qu'un petit coup, et ne me faites point récidiver avant que j'aie fait ma première ronde.

JEAN.

C'est bon, c'est bon! A ta santé, Piotton! Dites donc, les amis, à la santé du champètre!

TOUS.

A la santé du champètre!

PIOTTON, trinquant et buvant.

A la vôtre, mes enfants! mais ne dépassons point les bornes d'une modeste licence!

JORDY.

Posez donc votre pique pour boire, garde.

PIOTTÔN.

Faites pas attention, jeune homme, ça me gêne pas.

TOUS, sur l'air des lampions.

Ça l'gêne pas! ça l'gêne pas!

JEAN, bas, à Blanchon.

Où-ce qu'elle est la Gervaise?

BLANCHON, de même.

Elle est là, derrière le contrevent.

JEAN.

Tu vas emmener les amis et le garde. Tu comprends?

BLANCHON.

Parbleur! (Haut.) Si, en attendant le dîner, on allait un peu sur la place, faire sauter ces filles qui s'ennuient sans nous?...

TOUS.

C'est ça! en route pour la danse!

BLANCHON.

Venez-vous, garde, pour nous surveiller?

PIOTTON.

Où donc qu'est ma pique?

BLANCHON.

Vous l'avez à la main.

TOUS.

En avant la musique! (Ils sortent en criant.)

SCÈNE VII.

JEAN, qui va avec précaution ouvrir le contrevent; GERVAISE, à la
fenêtre du rez-de-chaussée.

JEAN.

Eh bien, mignonne, qué qu' t'en dis de la manière d'endormir
les pères de famille?

GERVAISE.

Comment? Je ne sais pas ce que vous voulez dire, Jean Robin.

JEAN.

T'as pas compris que c'était un coup monté, pour te voir à
mon aise aujourd'hui, et t'emmener à la danse, et te tenir dans
mes bras, et te dire que je t'aime? J'ai cherché une mauvaise
querelle à la Roulotte, et me v'là ici avec des écus à dépenser.
Ton père est cabaretier avant tout, et, dans deux heures, il n'aura
jamais eu de pratiques plus chéries que mes camarades, et de
meilleur ami que ton serviteur.

GERVAISE.

Ne comptez pas sur votre argent. Mon père est plus fier qu'in-
téressé.

JEAN.

S'il est fier, il est comme toi. J'ai encore jamais pu te faire
accepter le plus petit cadeau. Voyons, laisse-moi te donner une
chaîne d'or, aujourd'hui. Il y a un bijoutier en fin qu'a déballé
sur la place.

GERVAISE.

Non, Jean, je ne veux pas de cadeau, et je vous défends de
me rien offrir.

JEAN.

Ah! que t'es fière!... je suis pas comme toi, moi, et, si tu
voulais me donner seulement un baiser, je le prendrais bien vite.
Essaye, pour voir si je refuserai!

GERVAISE, reculant.

Non, Jean, oh! non. Pouvez-vous dire que je ne vous donne rien?... Et ce bouquet?

JEAN.

C'était de la part du petit.

GERVAISE.

Et le ruban?

JEAN.

Un ruban, c'est gentil, mais c'est pas assez!... Voyons, sors donc un peu de ta chambre.

GERVAISE.

Mon père m'a enfermée.

JEAN.

Et il va te tenir en cage comme ça toute la journée?

GERVAISE.

Oh! bien sûr!

JEAN.

C'est pas possible! Voyons! la fenêtre est pas haute, et mes bras sont là. Saute un peu!

GERVAISE.

Jean, vous ne me parlez point comme vous devriez me parler. Est-ce que vous n'avez pas votre raison, ce matin?

JEAN.

Ma foi! j'aurais voulu la perdre. T'avais été mauvaise en diable hier soir. Des reproches! des méfiances! j'avais juré que tu ne me reverrais pas de huit jours, mais tu m'as envoyé des fleurs... et ce ruban... (Il le baise.) Me voilà revenu; es-tu contente?

GERVAISE.

Non! car je suis trop mécontente de moi!... J'aurais dû rompre avec vous, qui ne m'avez dit hier que des folies, et j'ai fait une lâcheté en vous rappelant.

JEAN.

Faut pas dire ça, t'as fait ton devoir.

GERVAISE.

Mon devoir?

JEAN.

Oui! t'as compris que, si tu ne voulais pas de moi, c'était fini de moi.

GERVAISE.

Fini?

JEAN.

Ah! dame! on n'aime pas tous les jours comme je t'aime! Écoute: tu n'as qu'une idée en tête, qui est de me retirer de la folie, comme tu dis. Eh bien, y a qu'un moyen: faut m'aimer.

GERVAISE.

Mais je vous aime, Jean! je vous aime bien trop!

JEAN.

Trop? Je ne vois point ça!...

GERVAISE.

Je fais le mal pour vous plaire. Oui, depuis que vous m'avez pris ma volonté, je ne fais plus que du mal!... Je désobéis à mon père, je lui fais des mensonges, et j'expose mon petit frère à être grondé et puni.

JEAN.

Employer ton petit frère à porter nos messages, ça, permets-moi de te le dire, Gervaise, c'est des imprudences; les enfants, ça bavarde! et puis les enfants... c'est les enfants! faut laisser ça tranquille! ça apprendra le mal assez tôt.

GERVAISE.

Le mal? Vous voyez, vous le dites vous-même, que notre amour est coupable! J'ai beau vouloir vous croire sincère, je vis dans la peur, c'est ma conscience qui m'avertit et qui m'accuse.

JEAN.

Faut t'accuser que d'une chose, qui est de me rendre malheureux. Tu ne veux point sortir avec moi. Si je te rencontre dans un chemin, tu me dis quatre paroles, comme au premier venu, et tu te sauves comme si t'avais peur de moi? Pourquoi que t'as

peur, voyons? Tu n'en sais rien. Les autres jeunesses vont jaser
le soir bien gaiement avec leurs amoureux, ou bien elles les lais-
sent venir la nuit auprès de leur fenêtre, comme me voilà en plein
jour et en danger d'être vu. Tu vois bien que ta crainte te rend
imprudente. Il y en a d'aussi bien gardées que toi, et celles-là,
c'est les plus fines pour donner des rendez-vous. C'est pourtant
pas l'esprit qui te manque, à preuve ce ruban qui n'est point sot.
Ce qui te manque, c'est l'amitié, Gervaise! Quand je t'embrasse,
c'est malgré toi, et, comme je ne veux pas te contraindre, je suis
toujours en doutance de ton cœur. Ah! si tu m'aimais!...

GERVAISE.

Écoutez, Jean! si je n'ai point de confiance en vous, c'est votre
faute. Vous avez un grand bon cœur, je le sais, puisque vous
avez tant d'amis; mais... Oh! je ne veux point vous ennuyer par
des remontrances. Vous êtes riche, vous mangez votre bien, à ce
qu'on dit; ça ne me fait pas de peine, à moi qui suis pauvre. Si
je vous parlais d'économie, vous pourriez croire que je me soucie
de votre fortune. Vous vous plaisez à rire, à courir, à faire du
bruit, je n'y vois pas grand mal; mais on dit aussi que vous
trompez les femmes et que vous les abandonnez...

JEAN.

Ça, c'est des mensonges! J'ai jamais laissé dans la peine les
femmes qui m'ont aimé!

GERVAISE.

Mais vous avez fini le premier de les aimer, vous?

JEAN.

C'est peut-être qu'elles m'avaient aimé les premières sans être
bien sûres d'être aimées. Est-ce ma faute s'il y en a plus d'une
qui a couru après moi?

GERVAISE.

N'est-ce pas ce que vous direz de moi aussi? Il paraît que
vous changez tous les jours de caprice. Je veux bien croire qu'il
y a de la faute de celles qui vous font des avances; mais...

JEAN.

Mais tu ne m'en as point fait, bien au contraire! T'as donc rien à craindre...

GERVAISE.

Je crains tout de même. Moi, voyez-vous, Jean, je ne suis point coquette, je ne songeais pas à vous. Vous m'avez tant regardée, tant suivie, tant cherchée... Ah! je ne sais pas comment l'amour m'est venu. C'est comme si vous m'aviez jeté un charme. Plus je voulais me défendre de penser à vous, plus j'y pensais, et, quand vous m'avez dit : « C'est pour toute la vie!... » eh bien, je voulais dire : « Non, je ne vous crois pas; » et les paroles se sont changées dans ma bouche, j'ai dit : « Oui, je te crois!... » Ah! c'est comme une magie! Mais, quand je ne vous vois plus, le chagrin me prend et je voudrais être morte.

JEAN.

Morte!

GERVAISE.

Oui! ça n'est pas des histoires que je vous fais là! hier, je marchais contre la rivière, et dix fois j'ai eu l'idée...

JEAN.

De te jeter à l'eau? Ah! par exemple, ça se serait trop dommage! Mais l'eau ne voudrait point te nayer, petite folle, elle te caresserait tout entière, comme elle caresse les fleurs qui flottent dessus.

GERVAISE.

Jean, vous vous moquez! Ah! prenez garde, je ne vous laisserai point rire de moi.

JEAN.

Vas-tu redevenir méchante comme hier? Eh bien, sois méchante si tu veux! t'es encore jolie, toi, quand tu es en colère; t'as des yeux qui brillent comme des diamants... M'est avis que, si nous étions mariés, nous aurions du tonnerre et de la grêle; mais y aurait aussi du soleil et des roses, et les pardons qu'on se ferait seraient si doux, qu'on se disputerait pour le plaisir de se raccommoder.

GERVAISE.

Vous parlez de nous marier... Ah! si j'étais sûre!... mais vous ne m'avez rien promis.

JEAN.

Comment, je t'ai rien promis? Si fait, je t'ai dit qu'il fallait d'abord marier ma sœur, parce que... parce que sa tutrice, la grand'Jeanne... à cause de nos biens... qu'il faut faire un partage... Enfin, c'est des affaires que tu comprends pas. Mais, pour sûr, quand Jeanne viendra au pays, on raisonnera de ça ensemble, et tu verras que...

GERVAISE.

Et quand viendra-t-elle?

JEAN.

Au premier jour, je l'attends. Tu ne me crois point? Je lui ai écrit pour ça, et même...

SCÈNE VIII.

LES MÊMES, BLANCHON.

BLANCHON, à Jean.

Alerte! c'est le vieux! (Gervaise tire son contrevent et disparaît.)

JEAN, à part.

Il vient à propos! quand il s'agit de mariage, je sais plus rien dire.

SCÈNE IX.

BLANCHON, JEAN, GERMINET.

En parlant, Jean s'est tourné vers l'enclos de gauche, et il va mesurer le mur avec sa canne. Blanchon fait comme lui. Germinet, une poêle à la main, les regarde du seuil du cabaret.

GERMINET.

Qu'est-ce qu'ils font là?... (Il va à la fenêtre.) On a touché au contrevent, il était pas si bien fermé! Y a quelque mauvais tour sous jeu.

JEAN, à Blanchon.

Tu dis deux toises?

BLANCHON.

Je dis deux toises.

JEAN.

A dix francs la toise.

BLANCHON.

La toise à dix francs?

JEAN.

Avec la faitière.

BLANCHON.

Ah! oui, y a la faitière!... (Bas.) Qué que nous faisons là?

GERMINET.

C'est donc que vous voulez faire réparer c'te muraille?

JEAN.

Comme vous dites, père Germinet.

GERMINET.

Si vous estimez la toise dix francs, on voit que vous faites pas relever souvent vos murs; ça vaut douze francs dans tout le pays.

JEAN.

Alors, ça ferait...

GERMINET.

Oh! ça ferait! vous croyez qu'il y a deux toises à relever? Y en a trois; vous voyez bien que par là... jusque-là, ça tient à rien! Attendez! le manche de ma poële a deux mètres tout juste... Deux... quatre... six... Y en a pour trente-six francs.

JEAN.

Vous croyez, père Germinet?

GERMINET.

Je crois que, quand on se connait pas à une chose, faut pas s'en mêler.

BLANCHON.

Oh! c'est que le père Germinet est un homme fin!

JEAN.

Une autre fois, on ira le chercher.

GERMINET, à part.

Je viendrai bien tout seul! (Haut.) Mais c'est pas à vous c't'enclos! c'est la part d'héritage de votre sœur, et la maison aussi.

JEAN.

Sans doute, mais j'en suis tuteur.

GERMINET.

De la petite Mariette? Excusez-moi, c'est la grand'Jeanne de Château-Meillant qui est tutrice.

JEAN.

Mais, en son absence, je suis chargé de gérer les biens.

GERMINET, faisant le simple.

Croyez-vous?

JEAN.

Comment, si je crois? Puisqu'elles ne demeurent point ici, ni l'une ni l'autre, faut bien veiller aux intérêts de la famille.

BLANCHON.

Vous comprenez bien que les intérêts de famille...

GERMINET.

Je comprends bien... oui, je comprends!...

BLANCHON.

C'est pas malheureux! (Bas, à Jean.) Qu'il est bête!

JEAN.

Pas tant que tu crois; faut l'amadouer. (Haut.) A propos, père Germinet, on m'a dit que, dans les temps, vous aviez eu idée d'acheter ça; c'est sous votre main, ça vous conviendrait.

GERMINET.

L'idée suffit pas, Jean, faut le moyen! Des idées, on en a comme ça qui mèn' à rien. L'un, c'est su' une bâtisse; l'autre, c'est su' une personne.

JEAN.

Bah! bah! faut acheter ça, père Germinet.

GERMINET.

C'est du bien de mineur, c'est pas commode à vendre. La Jeanne a pas voulu d'ailleurs, et puis c'est trop cher pour moi.

JEAN.

Combien que vous croyez que ça vaut?

GERMINET.

Je sais pas, ça peut valoir un millier de francs.

JEAN.

Vous en aviez pourtant offert le double.

GERMINET.

Vous vous souvenez pas. Si ça vaut un sou de plus, je veux que la maison, les arbres et les murs me passent à travers le corps. Mais, tout ça, c'est des paroles pour rien dire; vous feriez mieux de vendre du vôtre, Jean Robin.

JEAN.

Qu'est-ce que vous voudriez donc m'acheter?

GERMINET.

Moi, rien; mais j'ai mon cousin Liénard qui vous achèterait bien votre champ du Chaumois, qui joute le sien. Il en a bonne envie, et il vous payerait ça quatre-vingt-dix francs la boisselée, sans marchander; ça vous va-t-il?

JEAN.

Pourquoi veut-il m'acheter ça si cher?

GERMINET.

Ah! vous voulez vendre à bas prix? c'est donc que vous voudriez être payé tout de suite?

JEAN.

Tenez, père Germinet, vous jouez au plus fin. Allez donc

rondement pour me questionner. Vous voulez savoir si j'ai des dettes.

GERMINET.

Moi! qué que ça peut me faire vos dettes?

JEAN.

J'en sais rien, mais vous êtes curieux... Eh bien, moi, je peux répondre à toutes les questions. Je mange mon bien, c'est vu, c'est connu! mais des dettes, j'en veux pas, j'en ai pas; je suis enragé du plaisir, mais je suis fier, et je veux pas de créanciers après moi, j'aurais pas la patience de les câliner, je les flanquerais par la fenêtre. Je ne suis pas embarrassé de vendre, et je vends tous les ans. Votre cousin Liénard veut pas m'acheter au prix que vous dites, vous avez parlé pour savoir; à présent, vous savez; êtes-vous content?

GERMINET.

Vous, Jean, vous parlez pour parler; je vous demande pas vos affaires, ça me regarde en rien. (A part.) N'empêche pas que j'y ai fait dire la chose.

JEAN.

Voyons, souhaitez-vous m'acheter mon champ, vous?

GERMINET.

Je peux pas acheter. Mon commerce va trop mal, et vous savez bien que je suis quasiment ruiné.

JEAN.

Votre commerce pourrait aller mieux, ça dépendrait de vous.

BLANCHON.

Oui, ça dépend de vous.

GERMINET.

Et comment donc ça?

JEAN.

Je vas vous dire. Si, au lieu d'être là à causer, vous étiez dans votre cuisine à vous dépêcher... Vous êtes un peu flâneur, vieux, faut pas dire le contraire.

2

BLANCHON.

Faut pas dire le contraire.

JEAN.

Et puis vous avez une fille...

GERMINET.

Eh bien, qu'est-ce que vous avez à en dire de ma fille ?

JEAN.

Pourquoi est-ce que vous la cachez? On ne l'a point encore aperçue.

GERMINET.

Ah! vous souhaiteriez la voir?

JEAN.

Oh! moi, quand je souhaite voir une fille, je ne demande pas la permission. Mais je vous dis qu'une auberge sans femme, ça ne va pas, c'est mal tenu, ça n'a pas de mine et ça n'attire pas la pratique.

GERMINET.

Ah! oui! Et comme ça, vous croyez que je vas dire à ma fille : « V'là les tapageux, les saccageux, les suborneux de fillettes, va donc vitement les servir et leur z'y faire compagnie!... » Je suis ben sot... je dis pas non... mais je suis pas encore si sot que vous croyez.

JEAN.

Oh! vous n'êtes point sot, père Germinet! vous êtes, au contraire, soupçonneux en diable. Mais savez-vous qu'à vous méfier comme ça de votre fille, vous lui portez plus de tort que ne lui en ferait un galant?

GERMINET.

Croyez-vous, Jean Robin ?

JEAN.

Je veux bien, en ami, vous donner un conseil.

GERMINET.

En ami?... Voyons voir.

JEAN.

'Voilà !... Votre demoiselle est toute jeunette et on la dit raisonnable. En la cachant, vous y ferez songer. Ne faites donc pas
croire par vos manières qu'il n'y a qu'à souffler sur sa vertu
pour la faire envoler. Et, là-dessus, père Germinet, mettez du
lard dans l'omelette.

GERMINET.

Je me rends à vos raisonnements, Jean Robin. Y a peut-être
du vrai dans ce que vous dites, et...

BLANCHON.

Et du lard dans l'omelette.

GERMINET.

Soyez tranquille... (A part, faisant machinalement le geste de faire sauter
l'omelette.) Mais, si vous cassez les œufs, mes mignons, je vous en
larderai une d'omelette, que vous vous en mordrez les doigts !...

JEAN.

Ah çà ! dites donc, père Germinet, si.vous faites tant frire que
ça, on ne dînera pas souvent.

GERMINET.

Vous avez encore raison, Jean, on y va. Je vas faire mettre le
couvert sous ma tonnelle d'houblon ! (Il sort.)

SCÈNE X.

JEAN, BLANCHON, se tenant les côtes de rire.

JEAN.

Assez, écoute !... Regarde un peu ce qui se passe là dedans.
(Blanchon écoute au contrevent.) Eh bien ?

BLANCHON.

Le v'là qui délivre la Gervaise, la leçon y a profité. Tu vas la
voir tout ton soûl. Ah ! grand coquin ! c'est toi qui sais enlever
ces affaires-là ! comme ça, en trois paroles, voyez un peu !

JEAN.

Eh ben, et toi ! il me semble que quand tu t'y mets...

BLANCHON.

Oh ! moi... bien sûr ! quand je m'y mets...

JEAN.

T'es pas mal canaille aussi.

BLANCHON.

Canaille aussi !... Eh bien, c'est une chose étonnante, ça ! j'étais pas né canaille, j'étais né imbécile. A dix-huit ans, je rougissais quand une femme me regardait, et j'osais pas y dire une parole. C'est toi qui, en m'apprenant à boire, m'as appris à causer, et à oser, et à résister à mes parents... de même qu'aux tiens et à la grand'Jeanne, qui voulaient que je me conserve innocent pour épouser ta petite sœur...

JEAN.

Parle pas de ma sœur. C'est pas pour ton nez, Cadet-Blanchon.

BLANCHON.

Oh ! à présent, j'y prétends rien. J'ai pas plus que toi l'idée tournée au mariage. C'est bon quand on aura plus le sou et qu'on sera las de se divertir. Quel âge qu'elle peut avoir à c't' heure ?

JEAN.

Qui ?

BLANCHON.

La petite Mariette.

JEAN.

Elle a douze ans... ou treize...

BLANCHON.

Oh ! mais non ! tu sais pas seulement l'âge de ta sœur ! Elle a quinze ans ou seize.

JEAN.

Bah ! t'en sais rien non plus, elle a pas tant que ça.

BLANCHON.

Je te dis que si, puisque la grand'Jeanne m'a dit, il y a cinq ans, la dernière fois qu'elle est venue : « Attends encore cinq ou six fois la Saint-Jean, et on vous mariera. »

JEAN.

Faut oublier ça, ma sœur est pas en âge de s'établir.

BLANCHON.

Y a longtemps que t'as pas été la voir ?

JEAN.

Oui, y a très-longtemps.

BLANCHON.

Alors, tu la connais quasiment plus. Elle doit être bigrement gentille à c't' heure, la Mariette ! (Mouvement d'impatience de Jean.) Qué que t'as ?

JEAN.

Assez là-dessus. Ça m'ennuie, que tu parles d'elle !

BLANCHON.

A cause ?

JEAN.

A cause que t'as dit trop de bêtises dans ta vie pour faire passer son nom par le même chemin.

BLANCHON.

Si j'ai dit des bêtises, c'est toi qui me les as enseignées. Alors, tu devrais pas non plus parler de ta sœur, toi ?

JEAN.

Aussi j'en parle pas. Qu'est-ce qu'en parle ?

BLANCHON.

En attendant, tu vas séduire une fillette qui est quasiment aussi jeune et aussi niaise.

JEAN.

Ah ! voyons ! vas-tu me faire de la morale ? Comme le garde, alors ?

BLANCHON.

De la morale, tu ne m'en as point appris, je peux pas te rendre ce que tu ne m'as point donné.

2.

JEAN.

Dirait-on pas que c'est moi qui ai corrompu les mœurs de monsieur !

BLANCHON.

C'est toi ! faut pas dire que c'est pas toi quand c'est toi !... c'est toi, je m'en plains pas (buvant), parce que... t'as beau me rudayer de temps en temps, je t'aime, moi. Tu vaux pas deux sous, mais t'as tout de même un cœur d'or pour tes amis ! T'es brutal, t'es colère, t'es ivrogne, t'es menteur avec les femmes, t'es pire qu'un chien, mais je t'aime comme t'es, voilà !

JEAN.

Allons, tu deviens tendre. Es-tu déjà dans les vignes, quand j'ai besoin de toi ?

BLANCHON, repoussant la bouteille.

Assez causé, vieille bavarde ! Faut laisser le monde tranquille. Voyons, Jean, je suis pas dans les vignes. On est là pour séduire la Gervaise, faut la séduire. Mais d'abord faut me dire comment que tu fais pour persuader ces jeunesses. Moi, je sais bien attraper celles qui veulent jouer au plus malin avec moi. Oh ! celles-là, j'en sais aussi long que la plus madrée, et, tant plus elles ont de malice, tant plus ça m'en donne ; mais pour les innocentes, comme voilà la Gervaise, qui y vá bon jeu bon argent... moi, j'oserais pas... ou je me trahirais, ou encore... à des fois, croyant attraper une alouette, je pourrais bien me prendre à mon piége comme un moineau franc.

JEAN.

Si t'as c'te crainte-là, mon camarade, faut pas t'y frotter pour ton compte. Les filles, les femmes, vois-tu, les niaises comme les dégourdies, c'est toujours la même race de fouines, et, quand ça vous tient un homme, ça vous le mène où ça veut ; et ce que ça veut, c'est de lui ronger la tête et de lui ôter la cervelle, pour mettre sa volonté et son commandement à la place. Ça veut être seule maîtresse au logis, et c'est quelquefois les plus douces qui deviennent les plus terribles. V'là la Gervaise... c'est comme un agneau ! eh bien, faut se défendre d'aimer trop, ça ferait faire des bêtises. Quand on est sûr de ça comme je le suis à présent, quand on sait qu'il faut tromper ou être trompé, mener ou être surmené, commander rude ou filer doux... on devient méfiant et sournois en diable ; et, à force de se méfier, on devient fourbe et sans pitié, car il faut être comme ça, ou se retirer des amours. Si on doit se laisser démonter par les reproches, les larmes et les menaces, autant vaut céder tout de suite et se mettre une bonne fois la femme et les enfants sur les bras.

BLANCHON.

V'là qu'est raisonné comme un homme de première force! Pour ce qui est du raisonnement, y a pas de raisonneur pour raisonner comme toi. Oui, le diable me confonde! je voudrais être seulement un quart d'heure dans ta peau de païen pour savoir raisonner comme tu raisonnes.

JEAN.

Eh ben, mon pauvre Blanchon, moi, je consentirais bien à changer avec toi pour tout à fait; car d'être comme ça sur la défensive, à batailler avec soi-même, c'est pas un état. T'as encore des illusions, toi! et, moi qui n'en ai plus la miette, y a des jours où je m'amuse de la vie à peu près comme une miche derrière un buffet... Mais faut pas penser à ça, ça rend triste!

BLANCHON.

Non; faut pas penser à ça. Je sais pas ce que c'est que tu dis : des défensives, des illusions derrière un buffet, mais ça fait rien; quand t'es pas gai, je deviens malade. Faut rire, faut s'étourdir, faut boire!

JEAN.

Non! fau' aimer encore! peut-être que le nouveau fera oublier l'ancien. La Gervaise, vois-tu, c'est pas tout à fait si facile que les autres.

BLANCHON.

Je crois ben que c'est pas du tout facile, depuis le temps que tu tournes autour!

JEAN.

Ça a le cœur tendre et c'est innocent. Il s'agirait de la guérir de l'idée qu'elles ont toutes.

BLANCHON.

Quelle idée?

JEAN.

Eh! parbleu! le mariage; toujours la même rengaine!

BLANCHON.

Puh!

JEAN.

Faut que je lui dise beaucoup de paroles avant qu'elle souffre les amitiés.

BLANCHON.

Y faut du bagout, quoi!

JEAN.

Mais, pour ça, faut être seuls.

BLANCHON.

Fau' être seuls.

JEAN.

Eh bien, tout à l'heure, il m'est venu une invention. Tu vois bien ce jardin-là?

BLANCHON.

Je le vois.

JEAN.

Faut qu'elle aille s'y promener pour une raison ou pour une autre.

BLANCHON.

Ou pour une autre, c'est ça. Mais pour quelle raison?

JEAN.

On trouvera ça. Mais faut la clef; va-t'en me la chercher.

BLANCHON.

Où-ce qu'elle est?

JEAN.

A mon logis, sur le dressoir, y en a pas d'autre.

BLANCHON.

Ah! tu avais une clef, grand gueux! Tu l'avais commandée pour la circonstance?

JEAN.

Non, le diable m'emporte! c'est une clef que la Jeanne m'a laissée dans le temps pour surveiller l'entretien du jardin.

BLANCHON.

Je vas la querir. (Revenant.) Ah! mais, dis donc, la maison à ta sœur, si la grand'Jeanne savait ça, c'est elle qui serait pas contente!.

JEAN.

Eh bien, comment qu'elle le saura?

BLANCHON.

Si elle venait... Aujourd'hui fête!...

JEAN.

Elle ne viendra pas avant l'an prochain.

BLANCHON.

Pourquoi?

JEAN.

Ça ne te regarde pas.

BLANCHON.

Ah! si c'est des secrets... et puisque t'es sûr...

JEAN.

Attends! tu m'as fait venir une autre idée; et une bonne pour engager la Gervaise à entrer là.

BLANCHON.

Qué que c'est?

JEAN.

Tu lui feras croire que la grand'Jeanne vient d'arriver au pays.

BLANCHON.

Au pays...

JEAN.

Et qu'elle la prie de venir lui parler.

BLANCHON.

Lui parler...

JEAN.

Dans ce jardin, et en secret.

BLANCHON.

Et en secret...

JEAN.

Répète donc pas toujours mes paroles au lieu d'écouter.

BLANCHON.

Au lieu d'écouter... J'écoute.

JEAN.

Tu lui diras...

BLANCHON.

J'ai ben compris... je suis pas une bête!

JEAN.

Si fait. Tu ne sais pas seulement si la Gervaise se souvient de Jeanne; tu lui rappelleras que c'est ma cousine, dont je lui ai dit deux mots, aujourd'hui la marraine et la tutrice de ma sœur, une manière de chef de famille, une personne sérieuse et qu'a jamais fait parler d'elle.

BLANCHON.

Mais si elle me demande pourquoi qu'elle la demande?

JEAN.

Tu répondras que c'est au sujet des projets de mariage qu'il y a... ou qu'il pourrait y avoir entre elle et moi. Enfin, tu l'amèneras ici, tu l'y enfermeras par surprise, et, pour lui faire prendre patience un instant, le temps de m'avertir, tu trouveras bien de toi-même quelque chose.

BLANCHON.

Oh! pour y pousser des mensonges, tu peux te fier à moi. Pour mentir, y a pas une mentissoire comme la mienne.

JEAN.

En ce cas, en route! va donc!

BLANCHON.

Tu dis que la clef... Où-ce qu'elle est, c'te clef?

JEAN.

Je crois ben que t'as pas envie de me servir..

BLANCHON.

A cause?...

JEAN.

Tu bouges pas!

BLANCHON.

Si fait. Mais v'là le champêtre, faut savoir ce qu'il veut.

SCÈNE XI.

LES MÊMES, PIOTTON.

PIOTTON.

Jean Robin, vos camarades sont tous là, et, puisque vous m'avez fait la complaisance de m'inviter, on m'a choisi pour orateur, à seules fins de vous dire qu'on a mis le couvert en belle feuillée, et que l'omelette va z'apparaître sous le berceau d'houblon avec du lard dessus, que vous m'en direz des nouvelles.

BLANCHON.

Du lard su' l'berceau d'houblon ?

PIOTTON.

Oui, avec des choux, des saucisses et tout ce qui en résulte.

JEAN.

Alors, garde champêtre de mon cœur, on y va.

BLANCHON.

Oui, oui! allons boire un coup! (Bas, à Jean.) D'abord, moi, je peux pas mentir à jeun!

JEAN, bas, à Blanchon.

Oui, il te faut du vin pour avoir un peu de courage. Allons, viens! (Haut.) Le vin, d'ailleurs, ça gâte jamais rien! pas vrai, garde?

PIOTTON.

Le vin est ami de l'homme, pourvu que l'homme soye ami des mœurs et de tout ce qui fait l'ornement de la bonne conduite.

JEAN.

Bien dit, mon champêtre! Allons! entrons gaiement, et en avant le rigodon! (Il chante et danse.)

Et en avant le rigodon, et zon! et zon!...

Ils vont pour entrer sous la tonnelle en chantant et en dansant. Une petite mendiante qui vient du fond se présente.

SCÈNE XII.

LES MÊMES, LA PETITE MENDIANTE.

LA PETITE.

Une petite charité, s'il vous plait!

BLANCHON.

Tiens! qu'est-ce que c'est donc que c'te petite-là?

LA PETITE.

C'est moi la petite sœur à Joseph Pochet, qu'est parti ce matin, et y a pas de pain à la maison.

JEAN.

Ah! ah! il n'a oublié que ça, lui!

BLANCHON.

C'est pas trop joli.

LA PETITE.

Y a maman qui ne fait que pleurer. Elle dit que mon frère ne eviendra plus et qu'elle en mourra; elle est malade, au lit. Moi, j'ai dit à ma grand'mère : « J'vas demander des sous dans le bourg; » et me v'là!

PIOTTON.

Des parents infirmes, des enfants dans la misère!

JEAN, lui donnant de l'argent.

Tiens, petite, prends ça.

LA PETITE.

Oh! un sou en or! c'est-i' un bon sou?

JEAN.

Oui. Et viens chez moi demain matin, je te donnerai davantage.

BLANCHON, se fouillant.

J'ai pus qu'une pièce de cent sous... ça fait rien... Tiens!

LA PETITE.

Merci! ça, c'est pour ma grand'mère.

PIOTTON.

Tiens, petite, v'là vingt sous que je t'avance sur les désappointements que me doit la commune.

BLANCHON.

C'est mal de la part de Pochet d'avoir rien laissé... ça m'ennuie!... Quand on pense...

JEAN.

Eh! c'est pas le moment de penser, faut s'amuser, faut s'allumer! Viens-tu? (Chantant.)

> Et en avant, et zon! et zon!
> Et en avant le rigodon.

(Il entre au cabaret.)

BLANCHON.

Oui, faut s'amuser! (Il chante et danse d'un air triste, en s'interrompant pour regarder la petite.)

> Et en avant, le ri...godon!
> En avant le rigodon,
> Et zon!

(Il suit Jean.)

FIN DU PREMIER ACTE.

ACTE DEUXIÈME.

SCÈNE PREMIÈRE.

BLANCHON, puis JORDY, les Saccageux, JEAN,
PIOTTON.

BLANCHON, contre la porte de l'enclos.

Voilà!... personne m'a vu entrer, personne me voit sortir;
ça va bien! c'est-à-dire il s'agit d'avertir, le Jean sans que les
autres y fassent attention... (Rires dans la coulisse.) Et c'est pas le plus
aisé, à présent que les voilà en train de rire...

VOIX, dans la coulisse.

A toi, Jordy, allons!

JORDY, paraissant sous la tonnelle, un verre en main et chantant.

C'est la mère Michèle
Qu'a perdu ses dents ;
Elle dit que c'est pas l'âge,
Mais les accidents,
Et le père Lustucru...

VOIX, dans la coulisse.

On la connaît, celle-là! à une autre! à une autre!

JORDY, descendant les marches.

Eh ben, tenez! v'là Blanchon qui va vous en dire une.

TOUS, dans la coulisse.

Ohé! Blanchon! ohé!

JORDY.

Ah çà! qué que tu fais donc là, toi, depuis un quart d'heure qu'on ne t'a point vu?... C'est comme ça que tu délaisses les amis!

BLANCHON.

Me v'là! je...

JORDY.

T'as l'air tout chose. C'est-y que tu rumines quèque séduction?

BLANCHON.

Oui, c'est ça, c'est... c'est-à-dire non.

JORDY, montrant l'enclos.

Pourquoi que tu regardes par là? C'est-i' quèque fille jalouse qui court après le Jean?

BLANCHON.

Je sache pas que personne se cache. D'ailleurs, le Jean...

JORDY.

Oh! le Jean voudrait en conter à la petite Gervaise, et c'est pour ça qu'on est venu se régaler chez le père. On comprend bien ça, nous autres... On n'est pas des apprentifs en amour.

VOIX, dans la coulisse.

Ohé! Jordy! ohé! Blanchon! Jean! Jean!

JEAN, bas, à Blanchon.

Eh bien?

BLANCHON, bas, à Jean.

Elle est là! Ah! c'est pas sans peine! Vite! v'là la clef! (Il la lui donne. Jean descend l'escalier, Jordy court après lui.)

JORDY.

Jean! à toi, Jean!

JEAN.

C'est bon! c'est bon! une autre fois! (On l'entoure.)

JORDY.

Non pas, non pas! On quitte pas la table comme ça au milieu d'une chanson. Faut dire ton couplet.

JEAN, impatienté.

Non, j'ai mal à la tête. Elles sont bêtes comme tout, vos chansons!

BLANCHON.

Je vas vous en dire une, moi, et une jolie; et puis on ira jouer aux quilles.

TOUS.

Oui, oui, c'est ça!...

BLANCHON, chantant.

Une belle en cage
Dit qu'all'perd son temps,
Et que c'est dommage
Quand on a quinze ans!

JORDY.

Connu, connu, ton couplet! Tu sais rien de nouveau, toi. Jean, le tien! faut le tien! on te lâchera pas sans ça. (Tous les autres convives sont venus en scène.)

JEAN, à Blanchon.

Ah! qu'ils m'ennuient! (Haut.) Voyons, pour en finir!... (Germinet paraît à la fenêtre de Gervaise. Jean chantant.)

C'est la belle Thérèse...

JORDY.

Tiens! ça rime avec Gervaise.

TOUS.

Écoutez donc.

JEAN.

C'est la belle Thérèse
Qu'a perdu son cœur;

Ell'dit que c'est Nicaise
Qu'en est le voleur;
Mais l' pèr'Lustucru
Qu'est plus fin qu'on l'a cru,
Dit que c'est le grand Blaise
Qu'a soufflé dessu!

JORDY.

Ah! celle-là, on la savait pas. Encore, Jean, encore une fois!

JEAN.

Allez au diable! y a deux heures que je chante. (Bas, à Blanchon.) Y aura donc pas moyen de les renvoyer?

BLANCHON.

Aux quilles! aux quilles! Je vous défie tous!

TOUS.

Oui, oui, avec le Jean, avec le Jean!

BLANCHON, bas, à Jean.

Tu commenceras, je prendrai ta place, ça les éloignera d'ici pour une heure ou deux.

JEAN.

Allons! venez-vous, garde?

PIOTTON.

Sans doute, du moment que c'est des jeux obtempérés par la loi... Qué que j'ai fait de ma pique?

TOUS.

Allons! allons! (Ils sortent tous en chantant. Germinet les observe.)

C'est la belle Thérèse
Qu'a perdu son cœur...

GERMINET, pensif.

Ça rime avec Gervaise!

PIOTTON.

Comment ça? Oui! Thérèse, Gervaise. Je vas vous expliquer ça, moi, Germinet, la rime.

GERMINET.

J'ai pas besoin, je comprends ben. Mais c'est une chanson où une fille a deux amoureux, et la mienne en a pas seulement un; à ma connaissance, du moins.

PIOTTON.

Votre inconséquence est juste, père Germinet. Votre fille est comme la fleur des champs que...

GERMINET.

C'est égal, Piotton, c'est égal; allez-y, aux quilles, et, si vous voyez le Jean filer du côté du bal, allez-y pareillement et ramenez Gervaise à la maison.

PIOTTON, un peu gris.

J'y vas, père Germinet, j'y vas, avec facilité, comme vous voyez. (Il sort.)

SCÈNE II.

GERMINET, puis JEANNE et MARIETTE.

GERMINET.

M'est avis que le garde... Mon vin est pas méchant, mais, à force de causer, on se grise tout de même. Dès lors que le Jean a pas de dettes, si il voulait se ranger... Ah! c'est bien chanceux! faut veiller au grain!

MARIETTE.

Ah! v'là notre maison. Vois-tu, marraine, que je là reconnais!

GERMINET.

Mais qu'est-ce qui vient là?

Mariette et Jeanne arrivent avec des paniers. Jeanne pose le sien devant la porte de l'enclos pour prendre la clef dans sa poche. Germinet s'est mis un peu à l'écart pour observer.

JEANNE.

Eh! v'là notre ancien voisin, le père Germinet.

GERMINET s'approche.

Comment! c'est donc vous, la grand'Jeanne! ah! c'est vous!
Comme ça, vous arrivez donc de Château-Meillant?

JEANNE.

Comme vous voyez.

GERMINET.

Par la patache?

JEANNE.

Comme vous dites.

GERMINET.

Ah! oui! Et vous êtes toujours vaillante et belle femme, à ce
que je vois. Et à votre logis, la famille?

JEANNE.

Tout va bien. Et chez vous?

GERMINET.

Chez nous pareillement. C'est-y pas ça votre filleule, la petite
Mariette?

JEANNE.

Mon Dieu, oui! (A Mariette.) Dis-y donc bonjour. (Mariette fait la
révérence.)

GERMINET.

Ah! qu'alle a poussé! C'est que c'est une femme, à c't'heure!
Et dire que je l'ai vue pas plus haute qu'un chou! Ah! ce que c'est
que de nous, allez! Je me serais rencontré avec elle dans un chemin, j'l'aurais pas reconnaissue.

JEANNE.

Ah! dame, c'est comme ça. (A Mariette.) Allons, entre nos paniers dans la maison.

MARIETTE.

Tu vas chercher mon frère?

JEANNE.

Oui, tu m'attendras.

GERMINET, à Jeanne.

Oh! vous irez pas loin pour le rencontrer; il est par là.

JEANNE, bas.

Mais je veux lui parler avant qu'il voie sa sœur. (A Mariette.) Eh bien, va donc!

MARIETTE.

Tu vas me laisser là toute seule?

JEANNE.

Eh bien, grande sotte, as-tu pas peur d'y trouver des loups?

GERMINET.

Oh! y en a pas; y a personne dans la maison, depuis que la mère Chauvat qui vous l'avait affermée a quitté la paroisse, y a pas plus de quinze jours, et ça doit être en bon ordre là dedans. C'était une femme bien soigneuse.

MARIETTE.

Mais je vas m'ennuyer, moi.

JEANNE.

Allons, allons! tu feras un somme pour te reposer; ou, encore mieux, tu penseras à la mère qui t'a mise au monde dans cette maison-là, et tu prieras le bon Dieu de te garder bonne et sage comme elle était.

MARIETTE, l'embrassant.

Et comme tu es, toi!

JEANNE.

Va, ma fille, va!

(Mariette entre dans l'enclos. Jeanne ferme la porte et met la clef dans sa poche.)

SCÈNE III.

JEANNE, GERMINET.

GERMINET.

Et comme ça, vous l'enfermez, c'te jeunesse? Elle a l'air bien comme il faut, pourtant.

JEANNE.

C'est raisonnable et gentil comme tout... Mais, un jour de fête, avec un tas de flâneurs !

GERMINET.

C'est bien vu, vous avez pas tort, y en manque pas, des flâneurs! Et comme ça, vous voulez pas que son frère la voie ?

JEANNE.

Si fait; mais je ne voudrais pas le trouver... vous m'entendez ?

GERMINET.

Hors de raison? Il y est pas, il y est même pas souvent, on peut dire.

JEANNE.

On m'a pourtant dit...

GERMINET.

Croyez ce que je vous dis, moi, grand'Jeanne. Vous cousin est pas un ivrogne; c'est un homme superbe pour porter le vin, et le jeu, et le bruit, et la fatigue; si il voulait pas tant courir après les femmes... Mais, dame! de ce côté-là, c'est un homme ben périlleux !

JEANNE.

C'est pour ça que je ne voudrais pas que sa sœur le surprenne en mauvaise compagnie.

GERMINET.

Y a pas de danger aujourd'hui.

JEANNE.

J'aurais cru le contraire.

GERMINET.

Je vous dis qu'il y en a pas ! Jeanne, vous connaissez pas le Jean, ou bien vous le connaissez plus.

JEANNE.

Alors, expliquez-moi...

GERMINET.

C'est bien aisé. Votre cousin ne se fait voir avec les drôlesses

3.

que quand il veut bailler de la jalousie à des femmes honnêtes qui se défendent encore de lui, ou bien c'est quand il veut en finir avec des amours dont il est repu. Les affronteuses, il les aime pas, il laisse ça à ses imbéciles de camarades. Ce qui lui faut, à lui, c'est du fruit nouveau, et encore, il y met plus d'amour-propre que de libertinage. Car c'est pas non plus un vrai libertin ; c'est comme qui dirait un homme qui cherche une chose que personne a jamais pu trouver, et qu'il trouvera pas plus que les autres...

JEANNE.

Quelle chose, donc ?

GERMINET.

Une fille qui l'aime plus qu'elle-même et qui lui cède jamais ; celle-là, voyez-vous, il serait capable de lui céder. Mais la jeunesse, c'est si fragile, et l'amour, c'est si bête !

JEANNE.

Alors, pour le moment, il est coiffé d'une fille sage, et je ne risque pas de le trouver avec une coureuse à son bras ?

GERMINET.

Faut croire, car il y a déjà un bout de temps qu'on le voit aller seul. Qui c'est-il ? qui c'est-il pas ? Je me suis bien taboulé pour le savoir... et je le sais pas encore, mais je le saurai ben ! Là-dessus... tenez ! le v'là, et vous pourrez y causer à votre aise : y a personne chez moi pour le moment et mon logis est à votre service... si ça vous convient.

JEANNE.

Merci, père Germinet... nous serons bien ici.

GERMINET, à part, absorbé.

Qui c'est-il ? qui c'est-il pas ? (Il sort.)

SCÈNE IV.

JEAN, JEANNE.

JEAN, qui a couru vers la porte de Germinet, et qui va s'élancer vers l'enclos ; à part.

Ah ! malheur ! la cousine ! (Haut.) Vous ici, Jeanne ? En v'là une surprise ! Ah ! ma foi ! entre cousins, on s'embrasse.

JEANNE.

C'est pas la peine! y a plus pressé que ça.

JEAN.

Oui, il y a plus pressé que ça. Venez donc vous reposer à mon logis! Et Mariette?

JEANNE.

Elle va bien, puisque me voilà.

JEAN.

Vous l'avez donc pas amenée avec vous?

JEANNE.

Est-ce que vous auriez souhaité la voir?

JEAN.

Bien sûr que j'aurais souhaité... Après ça, un jour de fête, de tapage... Vous avez aussi bien fait de la laisser chez vous! Et alors, vous arrivez?

JEANNE.

Comme vous dites, car j'ai pas encore pris le temps d'entrer dans la maison.

JEAN.

Ah! vous êtes pas entrée? Vous avez pas la clef?

JEANNE.

Si fait, j'ai apporté la mienne.

JEAN, à part.

Diantre! (haut.) Mais vous allez pas vous reposer dans c'te maison-là? Elle est peut-être en décombres... Quand je dis en décombres... je veux dire qu'il y a pas de mobilier... quand je dis qu'il y a pas de mobilier... j'ai rien vendu! je suis pas homme à vendre ce qui est à ma sœur, mais...

JEANNE.

Allons, vous cherchez des raisons pour me dégoûter d'être venue, et je vois bien que vous vous seriez passé de ma visite. Mais je ne vous dérangerai pas de vos plaisirs, et je n'en ai pas long à vous dire. Asseyons-nous là pour un moment, mon cousin,

JEAN.

Venez chez Germinet, vous serez mieux.

JEANNE.

Voulez-vous m'entendre, oui ou non?

JEAN.

J'écoute. (Il s'assied auprès de Jeanne.)

JEANNE.

Vous êtes étonné de me voir ici, cette année, quand vous ne
m'attendiez que l'an prochain?

JEAN.

Ma foi, oui, très-étonné... encore que ça me fasse plaisir,
Jeanne.

JEANNE.

Plaisir ou non, me v'là! Vous savez qu'on avait remis à l'an
prochain les fiançailles avec Cadet-Blanchon?

JEAN.

Je sais ça... mais...

JEANNE.

Mais il paraît qu'il a mal tourné, le jeune homme; du moins,
on m'a conté ça là-bas, et c'est pour le savoir que, sous prétexte
de la fête, je viens aujourd'hui questionner, en commençant par
vous, les gens de l'endroit; parce que, voyez-vous, si c'est la
vérité qu'on m'a dit, j'aviserai à établir ma filleule à Château-
Meillant, et on ne parlera plus de venir demeurer auprès de vous.

JEAN.

Dame! c'est pourtant triste de penser qu'on ne se verra plus!

JEANNE.

Oh! ça, ça ne vous fait rien! on n'est qu'à dix lieues les uns
des autres, et voilà trois ans que vous n'êtes pas venu nous voir!

JEAN.

Pourtant cette petite... j'ai plus qu'elle et vous de ma famille...
Après ça...

JEANNE.

Après ça, vous sentez que j'ai raison, pas vrai? On m'a dit, à moi, que, vous et vos amis, vous détourniez toutes les jeunesses de l'endroit, et que, si j'y amenais ma filleule, elle n'y trouverait plus une camarade pour causer et aller aux champs avec elle.

JEAN.

Tout ça, c'est des histoires comme on en fait; on en dit toujours plus qu'il n'y en a. Mais je suis pas un hypocrite et je veux pas mentir. C'est vrai que, dans le pays d'ici, que ça soit ma faute ou celle des autres, on s'amuse un peu d'une manière qui ne serait pas dans votre idée ni dans la mienne, en ce qui regarde la petite. Ainsi, vous ferez bien de la garder là-bas. J'irai la voir plus souvent. Je suis un gueux de l'avoir négligée... Mais jeunesse passera... un jour viendra peut-être...

JEANNE.

Oui, oui, un jour viendra où vous serez las de mal penser et de mal faire, et où vous vous souviendrez de vos parents. Mais, en attendant, la petite qui pense toujours à son pays et à son grand frère, et qui s'imagine de pouvoir compter sur son amitié...

JEAN.

Vous me faites de la peine de me dire ça... Vous êtes méchante, la cousine.

SCÈNE V.

JEAN, JEANNE, BLANCHON.

BLANCHON, à part.

La cousine !

JEANNE.

Eh bien, laissons ça, mais parlons de Cadet-Blanchon.

JEAN.

Oh! Cadet-Blanchon, faut plus parler de ça.

BLANCHON, à part, se dissimulant sous le berceau de la tonnelle.

De quoi donc?

JEAN.

Cadet-Blanchon est un bon cœur et un honnête homme, mais

c'est pas un bon sujet, et ça ne conviendrait pas du tout à ma sœur.

JEANNE.

Tant pis! voilà encore un chagrin pour elle...

JEAN.

Un chagrin? Elle le connait pas!

JEANNE.

Elle se souvient de lui: on a tant dit devant eux qu'ils seraient mari et femme! On a tort de parler de ça devant les enfants. Y en a qui n'oublient pas, et la Mariette a si bon cœur!

JEAN.

Bah! elle l'oubliera; faut qu'elle l'oublie.

JEANNE.

Il faudra bien, mais ça sera encore des larmes. (Blanchon écoute attentivement.)

JEAN.

Des larmes?

JEANNE.

Mais oui. Il faut vous dire qu'il y a environ six semaines, nous avions été toutes les deux à la foire de la Berthenoux et que Cadet-Blanchon s'est trouvé là.

BLANCHON, à part.

Tiens! tiens!

JEAN.

Ah! il a vu ma sœur? Il ne m'avait pas dit ça.

JEANNE.

Il ne pouvait pas vous le dire, il ne l'a point vue. Nous étions dans une maison, et lui, il dansait sur la place tout auprès de nous; et, comme je ne voulais pas lui parler, à cause du mal qu'on m'avait dit de lui, il n'a point su que nous étions là.

JEAN.

Mais la petite a fait attention à lui?

JEANNE.

Et elle l'a trouvé tout à fait à son goût, la pauvre mignonne! et puis l'amitié d'enfance! Mêmement qu'elle a poussé la fenêtre malgré moi, pour voir s'il la regarderait. Mais lui, s'il l'a vue, il ne l'a point reconnue, et elle en a eu tant de peine, qu'elle en a pleuré tout le temps qu'on a marché pour revenir chez nous.

JEAN.

Alors, je comprends pourquoi vous voilà; vous craignez qu'elle n'y pense trop et vous voulez pouvoir lui dire qu'il n'est plus gentil du tout?

JEANNE.

Sans doute, et c'est à vous que je demande la chose, puisqu'on dit que c'est vous qui l'avez perdu, ce garçon.

JEAN.

Eh bien, que ça soit moi ou non, il l'est, et je ne veux pas qu'il épouse Mariette.

BLANCHON, à part.

Je veux pas non plus...

JEAN l'aperçoit et lui fait signe de rester caché. A part.

Enfin, le voilà! (Haut.) A quoi songez-vous, Jeanne? Voyons, venez vous rafraîchir chez Germinet. Il n'y a personne, et, par la chaleur qu'il fait...

JEANNE.

Non, je songe à m'en retourner, Jean. Vous avez eu grand tort de mettre le fiancé de votre sœur dans le mauvais chemin.

JEAN.

Possible! mais la chose est faite. (Avec intention.) Et si on parlait mariage à Blanchon, ça ne le charmerait point du tout, allez! (Raillant.) C'est un homme à bonnes fortunes, à c'te heure!

BLANCHON, à part.

Ah! mais oui!

JEANNE.

Qui sait? Peut-être que des bons conseils le ramèneraient. Je veux le voir.

JEAN.

Vous voulez le voir?

JEANNE.

Oui, envoyez-le-moi chez Germinet, je lui parlerai.

JEAN.

Oh! ça, c'est bien aisé, il y est!... Venez.

JEANNE, allant vers la porte de l'enclos.

Non, tout à l'heure. Dites-lui de m'attendre, j'entre là un moment.

JEAN, lui prenant le bras.

Non, non, tout de suite, ça sera pas long. Vous lui parlerez pas, car vous allez le voir ivre mort au bout du jardin à Germinet. Il dort sous un arbre, et je vous réponds qu'il n'est pas beau.

JEANNE.

Jean, vous avez un drôle d'air! Vous avez l'air de me tromper. Blanchon n'est point tombé si bas que vous dites, c'est pas possible!

JEAN.

Ah! faut venir voir avant de m'accuser. Venez le voir, votre Blanchon.

JEANNE.

Où ça?

JEAN.

Au bout de la tonnelle. (Il la fait sortir par l'escalier en jetant la clef à Blanchon.) Vite, fais sortir la Gervaise.

SCÈNE VI.

BLANCHON, seul.

Eh bien, pour une couleur, c'est ça une couleur. Est-il malin, ce Jean, est-il malin! et la Jeanne a beau se méfier... (Il essaye d'entrer dans l'enclos.) La clef tourne guère, pas moins! J'aurai donc emmêlé la serrure en la refermant? La drôle d'histoire tout de même! la petite Mariette qui se souvient de moi et qui... Ça va

pas du tout, c'te clef... Pourvu que le père... (Il va du côté du cabaret.)
Non, il cause là-bas avec la Jeanne, il peut pas me voir. (Regardant
la clef.) Mais nom de nom! c'est ça la clef du logis au Jean, il s'est
trompé. Ce que c'est pourtant! on a beau être le premier des
malins, on sait pas toujours ce qu'on fait. Un supposé que...
qu'est-ce qui m'aurait dit ça, que c'te enfant en tiendrait pour moi?
faut-il qu'elle soit follé! Mais c'est si simple, la jeunesse! Ça croit
tout possible! V'là d'un côté la Gervaise qui croit que le Jean...
et la Mariette d'autre part... Ah ben, oui! des mariages à nous
autres! une enfant de quinze ans, à moi!... C'est des femmes
d'esprit qu'il me faut! C'est bien vrai que, par des fois, elles sont
terribles. Ah! qu'elles sont terribles, les femmes d'esprit! Au lieur
qu'une jeunesse... C'est drôle qu'elle m'a vu à la Berthenoux et
que, moi, je ne l'ai pas reconnue! Et si pourtant, je l'ai vue! Oh!
je l'ai ben vue quand elle a ouvert la fenêtre! Je me remets la
chose à présent! Et mêmement que j'ai dit à Boursoufllé — c'était
Boursoufllé qu'était avec moi! — j'y ai dit comme ça : « V'là une
jolie fille! nom d'un nom! c'te fillette-là fera une belle femme! »
Mais, après, on a été boire... Ah bah! j'y aurais du regret, que
ça servirait de rien, puisque le Jean dit que c'est trop tard. Mais,
en attendant, c'est pas ça la clef, et je sais pas quoi faire. Faut
croire que la Gervaise prend patience là dedans? Quel pétrin quand
la Jeanne la trouvera là! Je vas frapper tout doucement. (Il frappe.)
On ne répond pas. Si j'enfonçais la porte? (Il pousse la porte.) Ah!
diable! elle tient bon! (Il pousse encore la porte avec son épaule. Mariette
paraît au-dessus du mur.)

SCÈNE VII.

BLANCHON, MARIETTE.

MARIETTE, dans l'enclos.

Eh ben, qu'est-ce que vous faites donc là, vous?

BLANCHON.

Ah! nom de...! c'est la Mariette!

MARIETTE.

Tiens ! c'est lui ! (Elle disparaît.)

BLANCHON.

Elle est là ? Eh bien, et l'autre ? Comment que ça s'arrange ? Faut savoir ça ! D'ailleurs, je serais content d'y dire bonjour, moi, à c'te Mariette. (Il regarde si personne ne l'observe et gratte à la porte.)

MARIETTE, reparaissant.

Eh ben, qu'est-ce que vous demandez ?

BLANCHON.

C'est d'abord pour vous demander vos portements, mamselle Mariette.

MARIETTE.

Mes portements ! vous me reconnaissez donc aujourd'hui ?... Je pensais...

BLANCHON.

Vous pensiez mal, ma mignonne ; je vous ai jamais oubliée.

MARIETTE.

Ah ! pourtant !...

BLANCHON.

Là-bas, à la foire ? Ah ! vous avez cru ça, vous, que je ne vous reconnaissais point ?

MARIETTE.

Alors, pourquoi est-ce que vous ne m'avez pas seulement ôté votre chapeau ? Vous aviez peur de vous enrhumer ?

BLANCHON.

Non, j'avais peur de votre marraine, qui me regardait de travers.

MARIETTE.

Vous mentez : ma marraine ne regarde jamais comme ça. Mais il ne s'agit pas de ça, monsieur Blanchon ; pour le moment, y a autre chose. Écoutez ! là, tout près. Vous ne pouvez donc pas ouvrir la porte ?

BLANCHON, fat.

Vous souhaiteriez que... que j'aille chez vous ?

MARIETTE.

Non, c'est c'te petite jeunesse que j'ai trouvée là.

BLANCHON.

Ah! vous avez trouvé une petite jeunesse?

MARIETTE.

Faites donc pas l'étonné! c'est vous qui l'avez fait entrer.

BLANCHON.

Vous croyez que c'est moi?

MARIETTE.

Dame! elle le dit; elle dit aussi que vous l'avez trompée.

BLANCHON.

Trompée, moi? Jamais!

MARIETTE.

C'est donc une menteuse? Elle dit que vous lui avez fait croire que ma marraine la demandait. Ça, c'était une histoire, puisque nous n'étions pas encore arrivées.

BLANCHON.

C'est alors que l'on pensait que vous alliez venir.

MARIETTE.

Vous pouviez pas penser ça. Ma marraine voulait surprendre le Jean; elle l'a pas averti du tout qu'elle viendrait.

BLANCHON.

Eh bien, puisqu'il faut vous l'avouer, Mariette, c'était une farce, une simple attrape... pour empêcher cette fille de rester à la danse.

MARIETTE.

Ah! et c'est vous qui faites des méchancetés comme ça?

BLANCHON.

Moi ou un autre... y a pas grand mal.

MARIETTE.

Si fait, elle pleure.

BLANCHON.

Elle pleure ? Où donc ce qu'elle est?

MARIETTE.

Là, dans notre maison. J'ai voulu la consoler... mais elle m'a dit qu'on voulait la perdre, et qu'elle s'en plaindrait à ma marraine, et un tas de choses que j'y comprends rien, moi.

BLANCHON.

·Ah! oui, elle pense que... parce que... (A part.) Je peux pourtant pas lui dire à cause de quoi!

MARIETTE.

Vous ne savez donc pas non plus? Tenez... (Baissant la voix.) Elle est bien gentille, mais cette fille-là... moi, je crois qu'elle est un peu folle.

BLANCHON.

Ah! vous croyez... peut-être bien que... (A part.) Pauvre innocente! faut-il qu'alle soye innocente! elle ne devine rien! C'est pourtant gentil d'être innocente comme ça!

MARIETTE.

Eh bien, à quoi songez-vous? Faut la faire sortir. .

BLANCHON.

Ah! oui... faudrait la faire sortir.

MARIETTE.

. Et bien vite. Elle dit que son père la croit à la fête, et qu'il la battra s'il apprend qu'elle est chez nous.

BLANCHON.

Eh bien, amenez-la ici; moi, je vas chercher un moyen... Amenez-la vitement. (Mariette disparaît.) Un moyen, je n'en ai pas... (Il regarde la tonnelle.) Par bonheur que le Jean a réussi à emmener la Jeanne et le père Germinet, je sais pas où... Il est malin, lui! allons, faut que je soye malin aussi. Si j'avais seulement une échelle! Ah! le mur tient pas; je suis fort, je le pousserai bien. Ca fera du bruit, tant pire! la Gervaise aura le temps de passer, et je dirai que le mur a tombé tout seul... Mais faut les avertir. Êtes-vous là ? (Il a pris une grosse bûche dans le tas de bois coupé.)

MARIETTE, sur le mur.

Oui; mais qu'est-ce que vous voulez donc faire?

BLANCHON.

Rangez-vous par là! Éloignez-vous d'ici... Faites attention... (Mariette disparaît, Blanchon enfonce le mur.) Bon! du premier coup! Et vite, Gervaise... vite!...

SCÈNE VIII.

BLANCHON, GERVAISE, GERMINET, JEAN, JEANNE, LES CONVIVES, PIOTTON.

GERMINET.

Oh! ma fille était là! (Il va à elle.)

BLANCHON.

Au feu! au feu! il y a le feu là dedans.

JEANNE, entrant.

Le feu? où? (Elle franchit les débris et entre dans l'enclos.)

JEAN.

Où donc le feu? quel feu? (Il veut suivre Jeanne.)

BLANCHON, l'arrêtant.

C'est pas vrai, y en a pas! (Criant.) Le feu!... au feu!... (A Jean.) C'est pour faire une confusion. (Les convives accourent avec Piotton.)

PIOTTON.

Le feu! où-ce qu'elle est, l'incendie?

BLANCHON.

Par ici... par là... chez vous, père Germinet... partout...

JORDY, gris.

Ah! c'est une farce... on la connaît, celle-là! Où qu'y a la fille?

JEAN.

Quelle fille?

JORDY.

Celle qu'on fait toujours sauver quand on crie au feu... et que c'est pas vrai.

UN SACCAGEUX.

Tais-toi donc! c'est la petite Gervaise.

JEAN.

Mamselle Gervaise? où est-elle?

JORDY.

Parbleur! elle est où elle n'était pas tout à l'heure! tu le sais bien, et Blanchon aussi.

JEAN.

Qu'est-ce que vous voulez dire? Allez donc vous coucher! vous êtes ivres!

PIOTTON.

Mais voilà des dégâts, sans aucune trace de feu, je le certifie. Quel est le délinquant?

JEAN.

Pardieu! le voilà. Vous voyez bien qu'il est ivre aussi.

BLANCHON.

Non, pas du tout, j'étais là, je passais, le mur m'a tombé sur la tête; c'est un vieux mur pourri. J'ai cru que c'était le feu, je sais pas ce que j'ai cru... j'ai été étourdi... j'ai crié... je sais pas quoi.

JORDY, ramassant la bûche qui a servi à Blanchon.

Eh bien, et c'te bûche que tu tenais? C'était donc pour attiser le feu?

PIOTTON, à Blanchon.

Jeune homme, c'est vous qui êtes compréhensible et je vas verbaliser...

JEANNE; revenant de l'enclos.

Du tout! du tout! Je sais ce que c'est, le mur est tombé tout seul, il n'y a pas de quoi s'étonner.

JORDY.

Oh! ça ne m'étonne pas, moi! Mais j'aurais pas cru que Blanchon... Après ça, si le Jean y a commandé...

JEAN.

Voulez-vous nous flanquer la paix, vous autres? Allez donc boire! vous n'êtes bons qu'à ça.

LES SACCAGEUX.

C'est ça, c'est ça, allons boire.

JORDY.

Eh!... on boira si on veut.

PIOTTON.

Allons! la paix, allons!... (Il les pousse dans le cabaret.)

SCÈNE IX.

JEAN, JEANNE, GERMINET, GERVAISE, BLANCHON, PIOTTON.

JEANNE.

A présent qu'on est entre nous... car M. le garde est not' ami aussi...

GERMINET.

C'est juste! mais, attendez, Jeanne! (Il va fermer à clef la porte du cabaret.) A présent, expliquez la chose... (A Gervaise.) Et toi, bouge pas de là...

JEAN.

Mais, moi, ça ne me regarde en rien. (Il veut s'en aller.)

JEANNE.

Pardonnez-moi, Jean... ça vous regarde beaucoup, et, comme quelqu'un a menti, il faut savoir si c'est par votre commandement.

JEAN.

C'est différent. Voyons, qu'est-ce qu'il y a?

JEANNE, à Germinet.

Cette jeunesse-là, c'est votre fille, à ce que je vois ?

GERMINET.

Oui, cette malheureuse-là, c'est ma fille.

JEANNE.

La maltraitez pas... C'est une enfant. Elle n'a pas su ce qu'elle faisait ; mais je crois qu'il faut le lui apprendre, ça lui servira à se méfier un peu mieux. Gervaise, dites la vérité, vous. Qu'est-ce que vous faisiez chez nous, toute seule et enfermée, quand nous sommes arrivées, et pourquoi avez-vous dit à la Mariette qu'on voulait vous perdre ?

JEAN.

Elle est donc là, la Mariette ?

JEANNE.

Oui, à mon grand regret ! si j'avais cru qu'elle devait tomber au milieu d'un rendez-vous donné chez elle, par son frère, dans des intentions abominables, bein sûr je l'aurais pas amenée.

JEAN.

Alors, vous m'accusez... moi? V'là qu'est drôle, par exemple ! Mais, j'y songe ! ma sœur est là, vous me le cachez, vous la laissez seule, et Blanchon enfonce les murs !...

GERMINET.

Faut pas rompre les chiens... Blanchon voulait faire sortir ma fille... pas plus...

BLANCHON.

Oh ! ben sûr, v'là tout !

PIOTTON.

Mais certainement, v'là tout !

JEAN, à Blanchon.

Et Mariette ?

JEANNE.

Ne vous mêlez pas de ça, Jean... C'est pas à vous de veiller sur votre sœur, vous n'en avez plus le droit.

JEAN.

Plus le droit? C'est ce qu'on verra! (A Blanchon.) Allons, toi, puisque tu fais des sottises, avoue-les... Qu'est-ce qui s'est passé? est-ce toi qui avais enfermé la Gervaise?

BLANCHON.

Oui, je cache pas que c'est moi... Et mêmement, pour la faire entrer là, on a inventé de lui dire que... ta cousine la réclamait pour des propositions...

JEAN.

Ah! tu avoues que tu as inventé ça? est-ce que je te l'avais commandé, moi?

BLANCHON.

Mon Dieu! c'est une affinoire comme ça... comme on en fait les jours de fête! La Gervaise en est innocente, j'en jure! à preuve qu'elle voulait s'en aller, et que je l'ai fait en aller comme j'ai pu.

GERMINET.

Oui, devant tous les libertins de la bande! Je t'en remercie, Cadet-Blanchon!

BLANCHON.

Dame! c'est une chose malheureuse, ça! j'en ai du regret... mais votre fille est pas à blâmer.

PIOTTON.

Non, mademoiselle Gervaise est pas à blâmer, et, puisque Blanchon avait inventé une amusette innocente...

JEANNE.

Innocente!... avec des fausses clefs?

PIOTTON.

Des fausses clefs, jeune homme! où-ce que vous avez fait abriquer des clefs contraires à la morale publique?

BLANCHON.

J'ai rien fabriqué du tout; j'avais pris la clef...

JEAN.

Où que tu l'avais prise? Réponds!

4

BLANCHON.

Je l'avais prise... je l'avais prise chez toi, quoi! mais je ne dis pas que tu le savais.

GERMINET.

Alors, toi, tu emmènes ma fille dans une maison abandonnée et tu l'y enfermes? C'est donc que tu voulais...?

BLANCHON.

J'y voulais rien du tout, moi, à c'te pauvre fille.

GERMINET.

Mais tu y parles... tu y fais des histoires... C'est donc que tu la suis et qu'elle t'écoute?

GERVAISE.

Ça n'est pas, mon père. Il ne m'avait jamais parlé... (Regardant Jean.) C'est...

JEAN.

On ne vous demande pas vos secrets, ma belle enfant, et, si vous voulez les dire, parlez-en à votre père, et pas aux autres.

GERVAISE.

C'est là ce que vous me conseillez, Jean?

JEAN.

J'ai pas le droit de conseil, mamselle Gervaise, je ne vous connais point.

GERVAISE.

Vous ne me connaissez pas?

JEAN.

Je vous connais comme on se connaît des... yeux! Mais vous savez bien que v'là la première fois que je vous parle... Direz-vous le contraire?

PIOTTON.

Elle ne dit point le contraire.

GERMINET, bas.

Elle a peur de le fâcher! oh! je la ferai ben parler. (Haut.) Alors, puisque Jean la connaît pas (montrant Blanchon), v'là celui qui l'a enjôlée! (A Gervaise.) Tiens! toi, faut que tu sois la dernière des dernières pour aimer un gas comme ça, et faut que tu y aies fait des avances, car on sait ben qu'il est pas hardi avec les jeunesses, lui! et mêmement avec les commères... il rougit encore quand la Roulotte y parle. Je te le dis, oui, je te le dis, malheureuse, tu y as fait des avances.

GERVAISE.

Oh! Jean, no me laissez donc pas humilier comme ça.

JEAN.

Moi?... Je... je n'y peux rien! mais je ne vois pas pourquoi il faut accuser Blanchon d'une séduction dont il est incapable, pour expliquer une bêtise qui n'a pas la conséquence qu'on y veut chercher.

JEANNE.

Alors, Blanchon a menti doublement, quand il a dit à cette fille que je venais exprès pour faire votre demande.

GERMINET.

Quelle demande?

JEANNE.

Quelle demande pourrais-je vous faire au nom de mon cousin, moi, si c'était pas la bonne?

JEAN, à Blanchon.

Ah! t'as conté ça à mamselle Gervaise, toi? Je ne te croyais pas si fort que ça!

BLANCHON.

Dame! je suis fort... je suis fort... si on veut.

JEAN.

Mais comment savez-vous tout ça, la cousine?

JEANNE, montrant Gervaise.

Parce qu'elle l'a dit à ma filleule, et que ma filleule vient de me le dire.

JEAN.

Mamselle Gervaise, quand elle se laisse attraper, pourrait bien se dispenser de raconter à ma sœur des histoires d'amour et de mariage que la petite est pas en âge d'apprendre.

GERVAISE.

Ah! c'est trop, Jean! Voilà que, non content de me laisser fouler aux pieds, vous me faites des reproches! Je suis donc une fille perdue, moi, que je ne dois point parler de moi aux autres jeunesses qui ont quasiment mon âge? Je croyais pouvoir embrasser votre sœur comme la mienne, car vous me le disiez là, ce matin... (Germinet regarde le contrevent.) Est-ce que vous l'avez déjà oublié? ou si c'est que vous avez menti? Oh! mais non, ça n'est pas possible, vous parlez comme ça par la peur que vous avez de fâcher mon père contre moi... Mais, puisque je lui dis la vérité... puisqu'il la sait à c'te heure, vous n'avez plus rien à cacher, et vous devez lui dire les intentions que vous aviez sur moi.

JEAN.

Les intentions que j'avais, Gervaise, je peux les dire... Je souhaitais d'être aimé de vous... J'aime pas le mariage, je ne m'en cache pas; mais on peut aimer demain ce qu'on n'aime pas aujourd'hui... Seulement, m'est avis que, pour donner le restant de ses jours à une femme, faut qu'elle vous donne les siens sans regret ni méfiance. Eh bien, vous êtes méfiante, vous... vous êtes la fille à votre père! on ne peut rien savoir de vous, et vous ne m'avez jamais dit une bonne fois : « Votre poursuite me plaît, votre parole me contente... » Vous vous êtes toujours défendue de moi comme du loup, et, pour vous voir un moment, il m'a fallu inventer une circonstance... qu'on veut prendre pour un piége. Qu'est-ce qu'on en sait? Et vous qu'êtes innocente, comment pouvez-vous condamner mes intentions? Tenez, vous vouliez un mari, comme toutes les autres, pour dire : « Me voilà mariée!... » et moi, je ne me prenais encore que pour un soupirant qui attend qu'on l'aime... Faut pas mettre les bœufs derrière la charrue, et crier à la séduction, quand vous n'êtes pas seulement éprise!... Je ne vous ai fait faire aucun péché, et, de ce que les autres m'en prêtent l'idée, c'est pas une raison pour que je sois engagé à vous, quand je ne le suis point et ne veux point l'être. Avec de la prudence et de la discrétion, vous auriez pu me conduire à vos fins; on vous offrait les moyens de vous taire, vous n'en avez point voulu, vous cassez les vitres, je les casse aussi ; ne vous en prenez qu'à vous-même!

BLANCHON.

Qu'à vous-même!

PIOTTON.

Voyons, qu'à vous-même! permettez... qu'à vous-même!

JEAN.

Laissez-nous donc tranquilles, vous! vous avez un moellon dans la cervelle!

PIOTTON.

Non, jeune homme, c'est un nuage, un simple nuage... et permettez mon raisonnement...

JEAN.

Tu nous ennuies, toi! De quoi que tu te mêles?

JEANNE.

S'il parle mal, il pense bien, et, si Gervaise avait compris ce que vous pensiez, vous, en parlant mieux que les autres...

GERVAISE.

Si bien, madame Jeanne... Je comprends que j'ai été dupe et que je n'étais pas aimée... Ce qu'il voulait, c'était de me rendre folle de lui comme tant d'autres, et de me quitter en me cherchant des torts pour se trouver des excuses. Eh bien, Jean, c'est lâche, ce que vous avez fait là! car vous savez bien que je ne vous cherchais pas et que je ne demandais qu'à passer mon chemin sans faire attention à vous. Oh! la belle gloire que vous avez gagnée de troubler le cœur et la raison d'une pauvre fille qui ne savait pas comment on se défend d'aimer! Combien de pas et de paroles vous avez dépensés pour me faire croire ce que vous me reprochez à présent d'avoir cru! Vous devez être grandement fier de vous, et c'est une chose bien vantable que de faire souffrir et pleurer un plus faible que soi! Réjouissez-vous donc de ma peine. Moi, je n'ai qu'une consolation, c'est de n'avoir pas eu l'idée du mal et de n'en avoir fait ni à vous ni aux autres.

GERMINET.

Ces reproches-là, c'est des douceurs et des pardons cachés, Gervaise! Allons, t'as pas compris encore où on voulait te mener?

4.

Tu comprendras plus tard. Viens avec moi, tu peux pas rentrer dans une maison où tu serais insultée par les amis de ton bon ami! Je vas te conduire chez quelque voisine...

JEANNE.

Confiez-la-moi, Germinet... Je vous réponds d'elle, jusqu'à ce que vous ayez congédié votre monde.

GERMINET.

C'est ce que je vas faire. En vous remerciant, ma grand'Jeanne.

(Jeanne emmène maternellement Gervaise qui pleure. Elle la fait entrer dans l'enclos, et revient en scène.)

JEAN.

Père Germinet!...

GERMINET.

Un peu plus tard, Jean Robin, un plus tard! ça sera à nous deux! (Il rentre dans son cabaret.)

PIOTTON, le suivant.

Je vas l'apaiser, moi, soyez tranquille. (Il sort.)

SCÈNE X.

JEANNE, JEAN, BLANCHON.

JEAN.

Non! j'aime mieux les menaces que la douceur.

JEANNE.

Les menaces d'un vieux comme ça? S'il vous dit votre fait, vous le frapperez, pas vrai?

JEAN.

Oh! vous, la grand'Jeanne, vous faites là des scandales que vous auriez pu vous épargner, ainsi qu'aux autres. Vous pouviez m'aider à endormir la chose; mais, au lieu de l'innocenter, — il y avait bien moyen, — vous en faites un procès de cinq cents diables, et vous faites en sorte que ma sœur en soit informée... Vous m'empêchez de la voir en prenant chez vous la Gervaise... Tout ça, c'est des étalages inutiles, et vous auriez aussi bien fait de rester chez vous.

JEANNE.

Je ne me repens pas d'être venue, Jean... Je connais votre morale, à présent, et celle que vous enseignez à vos amis.

BLANCHON.

Ça, c'est pour moi.

JEANNE.

Oui, c'est pour vous, qui, au lieu de vous garder honnête pour votre bonheur, avez trouvé plus glorieux de devenir le flatteur, le singe et la copie de Jean Robin.

BLANCHON, à Jean.

Copie, moi? V'là que je suis traité de copie!

JEAN.

Allons, Jeanne, apaisez-vous! Que diable! qu'est-ce qui vous dit que je n'avais pas l'intention...? (Il s'arrête.)

JEANNE.

D'épouser la Gervaise? Vous n'osez pas mentir tant que ça devant les autres... c'est à des jeunesses comme elle qu'on fait croire au mariage. Mais j'ai bien compris votre manière, allez! vous voulez gagner la preuve de l'amour avant de donner celle de l'honneur. Continuez vos amusements... ni votre sœur ni moi n'en serons plus les témoins... C'est la dernière fois que nous venons ici, et vous pouvez vendre cette maison-là. Si elle n'a pas déjà été avilie, elle le sera un jour ou l'autre, et l'âme de votre mère l'a quittée aujourd'hui en y voyant entrer la pauvre Gervaise! (Elle sort.)

SCÈNE XI.

JEAN, BLANCHON, puis TOINET.

JEAN.

C'est ça! votre mère, votre sœur, votre âme, et le bon Dieu! et le diable!... est-ce que je sais? En voilà des menaces et des maudissements! toujours et puis encore! en veux-tu, en voilà! Ah! les femmes honnêtes, ça a du feu au bout de la langue! (A Blanchon.) Voyons, qué que tu fais là comme une pierre? Faut s'en aller d'ici.

TOINET.

Jean, mon papa te dit de l'attendre là; il va venir te parler, quand tes camarades seront partis.

JEAN.

C'est bien, mon garçon, on attendra. Apporte-moi du bran-devin et bourre-moi ma pipe. (Toinet prend la pipe et sort.) Faut boire!... j'ai pas encore bu aujourd'hui, et je me sens plus faible et plus sot qu'un enfant.

BLANCHON.

Moi, quand j'ai vu pleurer comme ça la Gervaise, ça m'a fait quelque chose.

JEAN.

Bah! les femmes, ça pleure à volonté. (Toinet rentre et pose une bouteille, un verre et la pipe de Jean sur la table.) Merci, petit.

TOINET.

Je veux pas de vos remercîments.

JEAN.

Ah! qu'est-ce que t'as, toi?

TOINET.

Ce que j'ai? Je m'en veux de t'avoir donné ce bouquet. T'as fait de la peine à mon père et à ma sœur... et je ne vous aime plus. (Il arrache le ruban et le bouquet de la boutonnière de Jean.)

JEAN.

Tiens! tiens! tiens! voyez-vous ça? Alors, on va se battre tous les deux.

TOINET.

Attendez que je sois fort et vous verrez! faudra pas vous moquer de moi, car je vous tuerai, moi! vous verrez ça, grand lâche! (Il sort.)

SCÈNE XII.

JEAN, BLANCHON.

JEAN.

C'est ça, il me tuera! Qu'est-ce qu'il a encore, celui-là?

BLANCHON.

Peut-être qu'il a entendu dire quelque bêtise aux camarades, là dedans.

JEAN.

Si j'allais leur clouer la mâchoire?

BLANCHON.

Non, Jean, ça ferait causer encore plus... Faut laisser tomber ça.

JEAN.

C'est des bons sentiments qu'il a tout de même, ce petit! Il aime sa sœur.

BLANCHON.

Dame! si quelqu'un se moquait de la tienne...

JEAN.

Oh! toi, tu vas rien dire, pas vrai? Tout ça, c'est de ta faute.

BLANCHON.

Ah! par exemple!

JEAN.

Oui, c'est de ta faute! tu n'es qu'un maladroit; tu veux toujours mieux faire qu'on ne te commande. T'es comme Pochet, toi, tu ne fais que des bêtises.

BLANCHON.

Ça se peut, Jean, ça se peut! mais c'est peut-être que je suis soûl d'être commandé et que je commence à trouver bête et mauvais ce qu'on me commande.

JEAN.

Ah! si tu veux te fâcher, ça me va! Je ne suis pas de bonne humeur, je t'en avertis, et, si tu veux des vérités, nous allons nous en dire. (Il frappe du poing sur la table.)

BLANCHON, frappant aussi.

On peut s'en dire tranquillement, et la vérité que je te dis, c'est que j'ai eu tort de faire comme tu fais. J'aurais peut-être ben mieux fait de me couper les deux bras, la tête et les deux jambes avec.

JEAN.

Alors, si tu penses ça, et je sais que tu l'as pensé plus d'une fois, tu n'en es que plus blâmable de t'être donné au libertinage... Puisque t'avais envie d'être sage, fallait savoir te garder. T'as pas été plus fort ni plus franc que ces jeunes filles qui ne veulent ni céder ni se défendre, et qui souhaitent qu'on les perde malgré elles.

BLANCHON.

Eh bien, toi qu'as tant d'esprit et de raisonnement, pourquoi que tu m'as donné l'exemple du mal?

JEAN.

Oh! moi, c'est différent.

BLANCHON.

Ah! c'est différent?

JEAN.

Oui, c'est différent. J'aime le péché, moi! Je l'aime comme le poisson aime l'eau et comme le diable aime le feu!... J'y ai marché tout droit et bride avalée, du jour où j'ai été lâché. J'avais plus ni père ni mère, personne à ménager, de l'argent devant moi pour longtemps, de la santé pour quatre et du courage pour dix. J'aimais le vin, le jeu, le bruit, les femmes et la bataille. Je me sentais bâti pour porter une vie enragée et je la porte au mieux; et je ne veux souffrir en moi ni regret ni fatigue, ni crainte ni souci. V'la la différence entre toi et moi. Qu'est-ce que t'as encore à dire?

BLANCHON.

Moi, rien; je garde mon idée... tu la comprendrais pas.

JEAN.

Quelle idée que t'as? Faut la dire.

BLANCHON.

Eh bien, l'idée que la petite Mariette aurait peut-être souhaité d'être pas enfermée dans sa maison aujourd'hui comme si la cocadrille était lâchée dans le bourg. L'idée qu'elle peut se souvenir du temps passé et des arrangements qu'on avait faits dans nos enfances, et que, si t'avais pas été si mauvais sujet, et moi par contre, on danserait à c't'heure bien en gaieté et en joie, sur la place du village, en causant d'accordailles, au lieu de se quitter sans parler de se revoir et pas contents les uns des autres!

JEAN.

Blanchon, t'as vu ma sœur... tu y as parlé!... Je t'avais pourtant défendu de penser à elle.

BLANCHON.

Oh! de penser! on peut pas défendre à un homme de penser.

JEAN.

Alors, tu prétends...

BLANCHON.

Je prétends penser...

JEAN.

Et comment que tu vas faire pour penser tout seul, toi qui es pas seulement capable d'être la copie des autres?

BLANCHON.

Copie! Toi aussi tu me traites de copie! Tiens, vois-tu, si un autre homme que toi me disait ça... non! faut que tu soyes ingrat comme un chat de gouttière, pour me reprocher de t'avoir aimé! (Pleurant.) Si je t'avais pas aimé, il y a longtemps que t'aurais eu mon poing sur la figure pour m'avoir fait la peine que tu me fais.

JEAN.

Tâche de parler autrement, toi! J'ai avec toi plus de patience qu'avec un autre, parce qu'au fond... mais faut pas trop me chauffer les oreilles, aujourd'hui surtout!

BLANCHON.

Eh ben, non, voyons! On est trop amis pour se fâcher! mais tu m'empêcheras pas d'aimer la Mariette.

JEAN.

Bah! je suis bien bon de m'inquiéter de ça! comme si tu pouvais plaire à une jeune fille, toi! Tiens, va donc trouver la Roulotte... voilà les conquêtes!

BLANCHON.

Ah çà! dis donc, Jean, tu vas te taire! J'en ai assez enduré de toi, aujourd'hui, j'en ai mon comptant, j'en veux plus.

JEAN.

Eh bien, voyons, fais donc voir!

BLANCHON.

Commence, on verra!

SCÈNE XIII.

JEAN, BLANCHON, JORDY et LA BANDE, PIOTTON, GERMINET.

PIOTTON, se jetant entre eux.

Eh bien! eh bien! qu'est-ce que c'est? Une risque entre amis, à présent! Respect à la loi et à l'ordre public!

JORDY.

Eh oui! le garde a raison... Tout ça pour une fille qu'on se dispute!

BLANCHON.

C'est pas vrai, je...

PIOTTON.

Voyons, embrassez-vous.

UN SACCAGEUX.

Oui, oui, faut pas se fâcher.

JORDY.

Vaut mieux rire de tout ça et tourner la chose en chanson.

PIOTTON.

Oui, sans doute... La chanson console de tout, quand ce n'est pas des airs séditieuses. Chantez, jeunes hommes.

JORDY, chantant.

C'est la belle Gervaise
Qu'a perdu son cœur,
C'est Nicaise et Blaise
Qu'en sont les voleurs...
Et l'père Lustucru...

(Il s'arrête en voyant Germinet sur la porte.)

GERMINET.

Le v'là, le père Lustucru ! (A Jean.) Tu vois, Jean, la belle Gervaise en nom et en place de la belle Thérèse ! une fille qu'a deux galants. Et le père qui en rit, pas vrai ? Ah ! c'est qu'il y a d'quoi rire ! une jeunesse qui pleure... et un vieux qu'on insulte, c'est ça des amusements et des joies ! Nous as-tu mis assez bas ? Es-tu content ? Chante donc avec les autres... voyons !

JEAN.

Non, père Germinet... Jamais on n'insultera votre fille ni vous devant moi. (Aux autres.) Assez de sottises, là-bas. Je vous défends de tourner mamselle Gervaise en ridicule. Taisez-vous, et n'y revenez jamais.

JORDY.

Dis donc, Jean, tu pourrais bien dire que tu nous pries...

JEAN.

C'est pas une prière que je te fais, Jordy ; c'est un ordre que je te donne... à toi, comme aux autres. (Murmures.) La Gervaise est respectable...

JORDY, riant.

Ah ! faut respecter les filles que tu...

5

JEAN, le prenant au collet.

Toi, si t'as le malheur de prononcer encore une seule fois dans ta vie le nom de la Gervaise!... (Il le secoue; Jordy, pâle, recule.)

BLANCHON.

Ça va se gâter. Voyons, Jean, voyons!

PIOTTON.

Jean Robin, vous êtes répréhensif...

JEAN.

Oh! toi, va au diable!

JORDY.

Jean, j'aime pas les mains au collet; on me prend pas comme ça, moi : je suis pas un lièvre, et...

JEAN.

Si fait, tu es un lièvre.

PIOTTON.

Un lièvre? La chasse est pas ouverte!

UN SACCAGEUX.

Jean, voyons! on n'est pas tes sujets, faut pas tant faire le maître.

JORDY.

Non, tu seras pas le maître, et, si je veux chanter, je chanterai.

C'est la belle...

JEAN, qui a levé son bâton.

Jordy, tu ne chanteras plus jamais.

JORDY.

A moi, les autres! Aux bâtons!

TOUS.

Aux bâtons!

JORDY.

A moi, tous!

JEAN.

A moi, Blanchon!

BLANCHON.

Me v'là, Jean, me v'là!

PIOTTON.

Jeunes gens! voyons, jeunes gens! (Le garde se jette au milieu des combattants et roule le premier par terre.)

FIN DU DEUXIÈME ACTE.

ACTE TROISIÈME.

Même décoration.

SCÈNE PREMIÈRE.

TOINET, JEANNE et MARIETTE, sortant de chez Germinet.

JEANNE, à Mariette, qui pleure.

Allons, console-toi donc et viens prendre l'air. Vas-tu te rendre malade? Quand on te dit que ce ne sera rien!

MARIETTE.

Oui, tu dis comme ça, mais il a été comme mort, mon frère. Pourquoi est-ce que tu ne veux pas me laisser auprès de lui? Retournes-y, au moins, toi.

JEANNE.

C'est ce que je vas faire. Tiens, amuse-toi là, à causer avec le petit Germinet.

MARIETTE.

Oh! je n'ai pas envie de m'amuser.

TOINET, qui achève d'essuyer une table.

Asseyez-vous là, mamselle; on va jouer à quelque jeu.

JEANNE.

C'est ça, je retourne voir si on soigne bien ton frère, là dedans. Attends-moi là.

SCÈNE II.

TOÏNET, MARIETTE.

MARIETTE, rangeant des dominos.

Dites-donc, monsieur Toinet, pourquoi donc mon frère s'est-il battu comme ça, contre tous ces méchants garçons?

TOINET.

Je ne sais pas, mamselle.

MARIETTE.

Ou vous ne voulez pas me le dire.

TOINET.

J'ai le double six, je pose.

MARIETTE.

Voilà du trois... Moi, je crois que vous ne l'aimez pas, mon frère, vous et votre papa... Qu'est-ce que vous avez donc contre lui, tous les deux?

TOINET.

Je ne sais pas... J'ai le trois-cinq.

MARIETTE.

Pourquoi Gervaise a-t-elle tant de chagrin que ça? Si j'allais la consoler?

TOINET.

Merci, mamselle, elle ne vous écouterait pas.

MARIETTE.

Où a-t-elle donc passé?

TOINET.

Elle est dans notre jardin. Elle veut pleurer toute seule, elle m'a renvoyé d'auprès d'elle.

MARIETTE.

Elle a peut-être du chagrin parce qu'on a fait du mal à mon frère.

TOINET.

Voulez-vous jouer, mamselle Mariette ?

MARIETTE.

Pour vous amuser, je veux bien... V'là du deux. Heureusement. M. Blanchon... n'a pas eu de mal, lui !... Jean a dit que, sans M. Blanchon, il était mort. Il est très-brave, n'est-ce pas, M. Blanchon ?

TOINET.

Du six partout.

MARIETTE.

Je boude.

TOINET, préoccupé et regardant vers la tonnelle.

Comptons. Cinq et deux, ça fait sept, et un...

MARIETTE.

M. Blanchon...

TOINET.

Et un, ça fait...

MARIETTE.

Ça fait dix.

TOINET.

Ah ! par exemple !

MARIETTE.

Eh bien, comptez tout seul ; moi, je suis si lasse ! Savez-vous que c'est loin, chez nous ? Dix lieues de pays !

TOINET.

Dix lieues de pays, et huit... Ah ! vous m'embrouillez !... Voyons, j'ai quinze !... et vous... six, neuf, onze... ça fait... Tiens ! la v'là qui dort, c'te demoiselle ! Elle ne joue guère bien aux dominos, et puis elle fait un tas de questions ! Je vas tout doucement voir si ma sœur a fini de pleurer !... (Il sort par l'escalier, Blanchon entre par le cabaret.)

SCÈNE III.

MARIETTE, endormie; BLANCHON, puis JEANNE.

BLANCHON.

Allons, allons, Dieu merci. c'est rien! J'en ai bien attrapé
aussi, moi, des bons coups. (Il se frotte l'épaule.) Mais ça se voit pas
et j'en veux rien dire. D'ailleurs, le plus mauvais coup, c'est celui
que j'ai reçu dans le cœur... (Voyant Mariette.) Ah! mais la v'là
toute seule! A quoi donc pense sa marraine de la laisser dormir
comme ça devant c'te porte? Je vas la garder, moi. (Jeanne l'observe
de la porte de Germinet.) Est-elle gentille! (Soupirant.) Et dire que c'est
fini pour moi! qu'on ne me souffrirait point la regarder, si on
me savait là! Ça a-t-il l'air tranquille... et doux! C'est comme
une colombe qui dort, quoi! la tête dans ses plumes blanches.
C'est drôle! j'oserais seulement pas y donner un baiser sur sa main!
Si je touchais à tout le moins son ruban? Non! faut pas! ça serait
trop! C'est comme une sainte de chapelle qu'on a envie d'y dire
une prière. (Il s'agenouille sans y songer.) Ça remet peut-être bien les
péchés de regarder une petite ange mignonne comme ça!

MARIETTE, s'éveillant.

Tiens! qu'est-ce que vous faites donc là, monsieur Blanchon?

BLANCHON.

Moi? Rien, mamselle, c'est un domino de votre jeu que vous
avez laissé tomber. (Il ramasse le domino et le remet sur la table sans
effleurer Mariette.)

MARIETTE.

Merci, monsieur Blanchon. Vous vous en allez?

BLANCHON.

Non, demoiselle. Dormez à votre aise... Je vas monter la garde
là-bas. (Il va au fond.)

JEANNE, à part.

Ce n'est pas pourtant d'un mauvais sujet, ces manières-là!

Voyons un peu. (Elle rentre dans le cabaret et reparaît au contrevent de Gervaise.)

MARIETTE, regardant Blanchon.

Pourquoi donc ne me parlez-vous pas?

BLANCHON.

Oh! j'ai rien de bon à dire, moi.

MARIETTE, se levant.

Est-ce que mon frère...?

BLANCHON.

Le Jean est guéri, c'est rien.

MARIETTE.

Alors, ça vous ennuie donc de me parler?... Tenez, vous êtes encore drôle, vous! On dirait que je vous fais peur.

BLANCHON.

Eh bien, c'est la vérité, demoiselle, c'est la peur qui me tient.

MARIETTE.

Alors, c'est que vous me trouvez vilaine et désagréable?

BLANCHON.

Bien au contraire!... Mais je ne me permets point de voir comme vous êtes.

MARIETTE.

Pourquoi ça? Vous m'en voulez?

BLANCHON.

Ah! mamselle Mariette, vous me dites des choses... que, si je pouvais vous répondre, vous comprendriez... ce que vous ne comprenez pas, et, pour lors, vous verriez dans mon cœur, au sujet de l'amitié d'autrefois, la manière dont je pense et le chagrin que j'ai par rapport à vous.

MARIETTE.

Vous avez du chagrin... C'est donc que vous avez conservé de l'amitié pour moi?

BLANCHON.

De l'amitié? Non, croyez pas ça. Je suis pas un homme à avoir des amitiés dignes de vous. Je suis un mauvais sujet, moi, un homme à bonnes fortunes, et vous ne devez point seulement me regarder, ça vous mettrait en danger.

MARIETTE.

En danger! un homme à bonnes fortunes! qu'est-ce que c'est donc que ça?

BLANCHON.

C'est... un homme qui... un homme hardi... et menteur... que les jeunesses doivent le craindre, parce que... enfin, c'est un gueux et un païen qui se moque de tout et qui respecte rien du tout; voilà ce que c'est!

MARIETTE.

C'est drôle! vous n'avez point du tout l'air d'un homme comme ça!

BLANCHON.

L'air fait pas la chanson. Tel que vous me voyez, je suis un bandit.

MARIETTE.

Qu'est-ce que c'est que toutes ces histoires-là que vous me dites? Je ne sais pas si j'ai oublié le langage du pays d'ici, ou si c'est une mode qui est venue de dire comme ça des choses embrouillées; moi, je dis tout ce que je pense, et, ce que je pense, je peux le dire tout bonnement.

BLANCHON.

Et vous pensez?...

MARIETTE.

Je pense que nous étions grands amis, il y a cinq ans. J'étais toute jeune et vous n'étiez pas vieux. Vous veniez encore aux champs avec nous, et ma marraine nous faisait asseoir de chaque côté d'elle pour nous raconter des belles histoires et nous apprendre des jolies chansons. Vous ne vous souvenez pas?

BLANCHON, essuyant une larme.

Si, mamselle, je me souviens.

MARIETTE.

Ah! vous vous souvenez, n'est-ce pas? Dans l'été, on se cachait

5.

du soleil, sous les grands arbres, au bord de l'eau, et vous me
faisiez des paniers de jonc pour m'amuser ; et, l'hiver, on s'amu-
sait encore ; on se fourrait dans les fossés, sous les grands buis-
sons ; il y avait encore des senelles rouges aux branches, et on
jetait du pain aux petits oiseaux ébouriffés ; et vous cassiez la
glace pour me faire voir que l'eau n'était point morte. Vous étiez
toujours, oh ! mais toujours avec nous. Et ma marraine disait : « Ce
garçon-là n'a pas son pareil pour la complaisance, la douceur et
l'amitié. » Vous voyez bien que vous ne pouvez pas être devenu
un bandit, et que, si vous avez fait du mal, des bonnes fortunes,
comme vous dites, c'est sans le vouloir et sans le savoir. D'ailleurs, si c'est comme ça, faut vous en repentir bien vite, pour
qu'on se dépêche de vous le pardonner. Eh bien, voilà que ça
vous fait pleurer, ce que je vous dis ?

(Blanchon a mis sa figure dans ses mains ; il sanglote.)

JEANNE, sortant du cabaret doucement ; — bas, à Mariette.

Ton frère te demande. Va auprès de lui, ma fille.

MARIETTE, bas.

J'y vas. (Montrant Blanchon.) Mais lui, faut le consoler, marraine,
Vois comme il a de la peine !

JEANNE.

Oui, oui, va. (Mariette sort en regardant Blanchon.)

SCÈNE IV.

JEANNE, BLANCHON.

JEANNE lui met la main sur l'épaule.

Eh bien, vous sentez que vous êtes bien coupable, vous ?

BLANCHON.

Ah ! madame Jeanne, vous étiez là ?

JEANNE.

Vous pensez bien que je n'aurais pas laissé ma filleule avec
vous, sans vous surveiller. (Railleuse.) Un homme à bonnes fortunes !

BLANCHON.

C'est juste.

JEANNE.

Vous repentez-vous, au moins?

BLANCHON.

Pour vous dire la vérité, madame Jeanne, je n'en ai pas tant fait qu'on croit.

JEANNE.

Non, pas tant que mon cousin Jean?

BLANCHON.

Oh! pas seulement la moitié! car enfin, la grande Jacqueline...

JEANNE.

Et la grosse Roulotte...

BLANCHON.

Dame! c'était pas tout à fait des innocentes.

JEANNE.

Je le pense bien. Mais la Gervaise?

BLANCHON.

Oh! la Gervaise... j'y ai pas seulement songé, j'en jure.

JEANNE.

Vous avez fait pis que d'y songer pour vous-même. Vous vouliez la perdre pour le compte d'autrui... C'est une lâcheté, ça! (Blanchon retombe accablé.) Je ne comprends pas qu'après une chose pareille, vous ayez osé parler à Mariette et la regarder en face.

BLANCHON.

Je l'ai pas regardée en face; je l'ai regardée que de côté, et encore du coin de l'œil.

JEANNE.

C'est trop. Si elle savait, si elle pouvait comprendre votre conduite, elle vous mépriserait.

BLANCHON.

Vous avez raison, elle me mépriserait.

Qu'est-ce que vous allez faire pour réparer ça?

BLANCHON.

Oui! qu'est-ce que je vas faire pour réparer ça? Voulez-vous que je me jette dans un puits? ou dans un four? ou que je retourne me battre avec Jordy? J'aime pas beaucoup les tapes; mais, quand on y est... et puisque me voilà monté... Tenez, j'y vas.

SCÈNE V.

LES MÊMES, PIOTTON.

PIOTTON, qui sort du cabaret.

Bellement, bellement, jeune homme! je vous arrête au nom de...

BLANCHON.

Vous m'arrêtez?...

PIOTTON.

Je dis que je vous arrête dans le chemin de l'inconséquence. Voulez-vous donc récidiver vos tapages?

-BLANCHON.

Je veux pas faire de tapage, je voudrais seulement venger encore un peu la Gervaise des insultes que j'y ai attirées. J'ai ben cogné, mais j'aurais pu cogner plus fort encore.

PIOTTON.

Il ne s'agit plus de se cogner, il faut prouver vos repentirs d'une manière que je viens d'exposer au père Germinet.

JEANNE.

Parlez, garde; me voilà prête à vous aider, car je suis sûre que vous avez une bonne idée. Il s'agit seulement d'aller droit au fait. Ce garçon-là est fâché du mal qui est arrivé par sa faute, il ne demande qu'à le réparer.

BLANCHON.

C'est ça, Jeanne, c'est ça ! (Au garde.) Expliquez-vous sans en chercher bien long... J'ai ben été à l'école, mais vous dites des mots tout drôles.

PIOTTON.

Soyez paisible, jeune homme, je descendrai à la hauteur de votre éducation pour clarifier mes intentions secrètes... J'estime donc qu'au vis-à-vis de Jean Robin, vous n'hésitez pas à vous construire le défenseur de l'innocence. Vous me comprenez bien ?

BLANCHON.

C'est-y qu'il faut que je cherche querelle à Jean ?

PIOTTON.

Point du tout. Je prohibe toute querelle, et vous m'entendez de reste, si vous n'y mettez pas de mauvaise volonté.

BLANCHON.

Oh ! j'en mets pas, foi d'homme ! Je vous écoute... que j'en ai chaud ! mais pour vous comprendre...

JEANNE.

Moi, j'ai compris... j'ai deviné. Vous avez raison, garde, v'là ce qu'il faut.

BLANCHON.

Qu'est-ce qu'il faut ?

PIOTTON.

Tenez, Germinet va vous le dire aussi clairement que moi.

BLANCHON, à part.

J'ai rien compris du tout.

SCÈNE VI.

Les Mêmes, GERMINET.

PIOTTON.

Nous voici rassemblés au sujet du rapport que je vous ai tantôt adressé en paroles concernant...

GERMINET.

Et Blanchon consent à ça?

BLANCHON.

Je consens!... c'est-à-dire...

JEANNE.

Il consentira, père Germinet, car il va donner sa parole.

BLANCHON.

Ma parole de quoi?

PIOTTON.

D'honnête homme et de bon citoyen.

BLANCHON.

Oui, mais pour quoi faire?

JEANNE.

Votre devoir... Allons, écoutez...

GERMINET.

Non, pas ici. Je veux parler à Jean Robin, moi, et, si vous me répondez de ce garçon-là...

JEANNE.

J'en réponds.

PIOTTON.

Je m'en charge! Venez, Cadet-Blanchon.

BLANCHON, à part.

Que diable vont-ils me faire faire? (Haut.) Vous le savez donc, vous, père Germinet?

GERMINET.

Va toujours, et tu verras bien.

BLANCHON.

Tu verras, tu verras...

JEANNE.

Allons, allons! (Ils sortent par la tonnelle.)

GERMINET.

Le garde et la grand'Jeanne, c'est des gens bien comme il

faut; mais, sans être coquin, on peut bien être un peu plus malin qu'eux. V'là le Jean! C'est à nous deux, à c't'heure.

SCÈNE VII.

JEAN, GERMINET.

JEAN.

A présent, père Germinet, me v'là sur pied pour vous remercier des soins que j'ai reçus chez vous et pour régler nos comptes.

GERMINET.

Nos comptes, Jean Robin? Ah! si i' s'agit de ça, vous êtes pas assez riche pour me payer le tout.

JEAN.

J'entends bien; vous avez encore du dépit contre moi. Pourtant, la chose m'a plus fâché que vous, car j'en ai mis à la raison plus d'un qui s'en souviendra.

GERMINET.

En attendant, vous avez eu le dessous; vous avez été battu.

JEAN.

Battu, moi? Non, par le grand diable! j'ai jamais été battu.

GERMINET.

Vous l'avez été aujourd'hui, vous en portez la marque.

JEAN.

Ça, c'est rien, c'est un accident, un coup de traître.

GERMINET.

Je dis pas non; mais les coups de traître, ça abat un homme, ça lui ôte le sentiment, et ça peut le faire mourir. Si Blanchon vous avait pas couvert de son corps, on redoublait sur vous, et, quand on est dix contre un... Enfin, vous en v'là sorti... On vous a pansé du mieux qu'on a pu : on avait beau vous maudire, puisque vous vous étiez exposé comme ça pour notre défense... C'est dommage que vous n'en soyez point mort, on vous aurait pardonné tout à fait.

JEAN.

Ça, c'est bien honnête de votre part; mais, puisque j'ai pas eu l'esprit d'en mourir, faut me pardonner vivant. J'ai bien fait tout ce qu'il fallait pour me faire assommer. Voyons! votre fille est aussi honnête ce soir comme elle était ce matin. Tout le monde saura qu'elle était dans la maison de ma sœur, avec ma sœur, et c'est pas parce qu'un dadais comme Jordy et deux ou trois autres imbéciles y entendront malice, que les gens raisonnables lui donneront du blâme.

GERMINET.

Vous êtes grand homme d'esprit, Jean Robin, et vous savez arranger les mots à votre convenance. Mais, moi, je suis pas un malin, je suis un homme simple, un pauvre cabaretier, le dernier quasiment du village. Je sais pas m'expliquer comme vous; je parle et je pense à la mode des anciens, et je vous dis la chose comme elle est : ma fille s'en relèvera pas, elle est chansonnée; c'est fini! une chanson, voyez-vous, ça s'oublie pas. Dans deux cents ans d'ici... peut-être plus, on chantera la belle Gervaise et son père Lustucru dans tous les cabarets du pays. On sera tous morts, la honte en sera toujours vivante. Mais on ne chantera plus rien chez moi. J'vas vendre la maison, et, de c't'affaire-là, me voilà ruiné, obligé d'aller chercher mon pain avec ma fille. Serez-vous ben fier, quand vous nous verrez passer, la besace sur l'épaule?

JEAN.

Ça se peut pas, je veux pas de ça! Voyons, père Germinet, quelle réparation me demandez-vous?

GERMINET.

Si vous le savez pas, Jean, j'ai pas à vous l'apprendre. C'est que vous ne voulez point le savoir.

JEAN.

Le mariage? J'entends bien.

GERMINET.

Dame!

JEAN.

Eh bien, je vas vous parler en franchise, comme un homme doit parler à un homme. J'aime mieux me mettre la tête sous la roue d'un moulin que de prendre femme.

GERMINET.

Y'là qu'est parlé en franchise, comme vous dites. C'est malheureux pour nous.

JEAN.

Et comment voulez-vous que je fasse? Je peux pas être fidèle, moi, je suis venu au monde comme ça.

GERMINET, à part.

Il est vantard, lui. Ah! qu'il est vantard!

JEAN.

Voyons, père Germinet, faut pas me parler d'épouser. J'ai pas du tout séduit votre fille, j'y dois pas le mariage. J'ai peut-être eu des intentions pas trop bonnes; mais des intentions, ça porte pas dommage. Vous croyez que les propos l'empêcheront de se marier... Eh bien, supposons! qu'est-ce qu'on peut faire pour elle?

GERMINET.

Rien; allez! je vas l'envoyer à la ville, elle y gagnera sa vie comme elle pourra.

JEAN.

Comme elle pourra! Mais vous savez qu'à la ville bien des filles de campagne se perdent; il ne faut point me parler de ça.

GERMINET.

Eh bien, de quoi donc parler? Je veux pas de cadeau, moi, ça serait hontable.

JEAN.

Un cadeau, non, mais un service d'ami; voyons, si je lui faisais une petite dot?

GERMINET.

En m'achetant mon bien? (A part.) Ah! tu crois qu' c'est à ton argent qu' j'en veux; attends, attends! tu y es pas!

JEAN.

Dame! vous n'en avez pas gros... et je peux faire la chose.

GERMINET.

Oh! ben sûr, vous le pouvez sans vous ruiner. Quoi donc que c'est d'une petite maison de paysan qu'est pas seulement couverte en tuiles! y a moitié chaume.

JEAN.

Je veux pas la déprécier. Combien qu'elle vaut?

GERMINET.

Oh! ma fine, ça vaut pas plus d'une douzaine de cents francs.

JEAN.

Vous dites?

GERMINET.

Mettons quinze cents francs; je veux pas vous faire marchander.

JEAN, à part.

Diantre! ça vaut pas la moitié. (Haut.) C'est cher; mais ça fait rien, réglons ça tout de suite.

GERMINET.

Minute! on réglera ben. Vous voulez pas m'abuser, je suis pas en peine. Faut parler de la chènevière et du jardin.

JEAN.

Oh! les terres, j'en ai pas besoin.

GERMINET.

Si fait! je suis pas homme à vous vendre une chose qu'aurait pas de valeur. Qu'est-ce que vous feriez d'une bâtisse sans un bout de jardin avec? Personne voudrait l'affermer.

JEAN.

Va pour le bout de jardin; mais la chènevière, j'ai assez de chemises, je veux pas faire de toile.

GERMINET.

Si vous ne prenez pas le tout, prenez donc rien... Tenez! je

vous demande pas de m'assister, moi; je suis pas un mendiant.
C'est vous qui m'avez offert.

JEAN.

Allons, allons, je prends la chènevière; vous en voulez?...

GERMINET.

Oh! je veux pas vous la surfaire. C'est pas de la bonne terre
et c'est inondé tous les ans; ça vaut pas plus de mille écus avec la
maison, le jardin et la vigne.

JEAN.

La vigne! quelle vigne?

GERMINET.

Eh bien, la petite côte par là! (Il montre le derrière de sa maison.)

JEAN.

Y a pas un pied de vigne, y en a jamais eu, y en aura jamais!
ça donne que du genêt!

GERMINET.

Eh bien, si ça vous donne pas du vin, ça vous donnera des
fameux balais!

JEAN.

Assez, assez, père Germinet, vous savez vous moquer, ça se
voit. Mais faut pas me prendre pour un nigaud. Je suis pas avare,
je suis même pas regardant, mais faut pas croire que je veuille me
priver d'amusement toute ma vie, pour vous divertir. Autant
vaudrait me marier tout de suite.

GERMINET.

Ça, c'est la vérité. Oh! vous dites bien la vérité, Jean, vous
feriez mieux de vous marier.

JEAN.

Avec votre fille? Allons, vieux, finissons-en; c'est trois mille
francs qu'il vous faut? Voilà trois mille francs de quittances pour
le père Jandoux, mon fermier; je vous les donne. Vous avez pas
oublié quelque chose?

GERMINET.

Je crois pas.

JEAN,

C'est bon ! (A part, pendant que Germinet va à la porte du cabaret et parle bas à la cantonade.) Ah ! finaud ! tu m'as pas fait promettre de renoncer au cœur de ta fille ? Je l'ai, je le garde.

GERMINET, revenant.

Et comme ça, vous pensez que j'oublie quelque chose ? J'oublie rien, allez ! j'oublie pas le principal.

JEAN.

Qu'est-ce que vous entendez par là ?

GERMINET.

Moi ? Oh ! rien, allez ! c'est une manière de parler pour dire les remercîments. Mais j'oublie pas ; seulement, je peux pas vous les faire à moi tout seul. Je viens d'appeler ma fille.

JEAN.

Ah ! (A part.) Eh bien, à la bonne heure !

GERMINET.

Et mon petit.

JEAN.

Oh ! c'est pas la peine.

GERMINET.

Et votre sœur avec votre cousine.

JEAN;

J'espère que vous n'allez pas leur parler de ça ?

GERMINET.

Eh ben, et mon gendre que j'oubliais.

JEAN.

Votre gendre ?

GERMINET.

Dame !

JEAN.

Quel gendre ?

GERMINET.

Eh ben, le mari à ma Gervaise.

JEAN.

Elle a déjà un mari?

GERMINET.

Elle l'aura avant la quinzaine.

JEAN.

Vous moquez-vous, père Germinet? vous avez déjà trouvé et accepté un mari pour Gervaise?

GERMINET.

Oh! dame! tout de suite. J'savais que vous épousiez pas, vous!

JEAN.

Alors, c'est une franche canaille, le mari que vous lui donnez.

GERMINET.

A cause?

JEAN.

A cause qu'il a compté sur ma bourse.

GERMINET.

Il y compte pas. Il sait ben que vous avez pas pu égarer ma fille, et il pouvait pas deviner que vous seriez si généreux que d'y faire une dot pour le plaisir de la faire.

JEAN.

Alors... puisque la Gervaise avait déjà un amoureux tout prêt à l'épouser, vous m'avez tiré de l'argent inutilement?·

GERMINET.

L'argent est jamais inutile, mon fils! Mais je vas queri' mon monde. (Il va ouvrir la porte de la maison et appeler par gestes.)

JEAN, à part.

Ah! tu m'as mis dedans! Eh bien, ton gendre payera pour toi, et je danserai aux violons de sa noce!

GERMINET, revenant.

Vous songez?... vous songez peut-être que vous tromperez le mari comme vous avez voulu tromper le père? Vous le tromperez pas, Jean Robin, c'est moi qui vous le dis.

JEAN.

Vous croyez? C'est ce qu'on verra!

GERMINET.

Vous allez voir tout de suite; le v'là!

SCÈNE VIII.

LES MÊMES, BLANCHON, PIOTTON, JEANNE.

JEAN.

Qui ça? Blanchon?

PIOTTON, qui tient par le bras Blanchon tout abattu.

Lui-même.

GERMINET, bas, à Jean.

Vous voyez ben que vous y prendrez pas sa femme, à celui-là!
Entre amis, ça se fait pas... c'est-à-dire... ça se fait toujours, au
contraire; mais un ami à qui que vous devez la vie, qui vous rend
l'honneur et qui vous sauve du mariage... non, Jean, un homme
susceptif de sentiment et de fierté comme vous êtes, trompera jamais Cadet-Blanchon.

JEAN, à part.

Ah! chien de sort! C'est pourtant la vérité. Allons! je suis
refait! (Haut.) Mais c'est une risée tout ça! Cadet-Blanchon ne veut
pas...

JEANNE.

Si fait, il veut.

PIOTTON.

Il a compris son devoir.

JEAN.

Ah! c'est vous qui lui avez fait entendre ça?

PIOTTON.

Moi-même, nonobstant que Blanchon est un simple cultivateur
qui ne comprend pas tout ce qu'on dit; mais le langage de l'honneur et des sentiments sont à la portée de tous ceux qui en est
susceptibles.

JEAN.

Bah! bah! c'est une épreuve que vous me faites.

GERMINET.

Une épreuve? Allons, mon gendre, faut montrer ça de toi-même, faut parler et annoncer la chose à ton ami.

BLANCHON.

J'ai rien à dire encore. Jean, c'est-il vrai, c'est-il possible que tu refuses d'épouser la Gervaise, à présent que tu me vois là?

JEAN.

Épouser une fille qu'on me pousse avec des intrigues pareilles? Jamais! vous entendez, les autres? Jamais!

BLANCHON.

Jean Robin, si y a des intrigues, j'en sais rien, moi. Je suis le bœuf de la charrue que t'as poussée, mais je suis franc du collier dans ces affaires-là. Puisque t'as pas le cœur de m'en retirer, faut que j'y reste, et, puisque je suis commandé à présent par les honnêtes gens, que ça me réjouisse ou non, faut que je soye honnête homme.

GERMINET.

Faut pas dire que t'es commandé quand le commandement vient de ta conscience. Comment donc que j'aurais fait pour te forcer la main, moi, un pauvre homme, et une bête comme je suis? Tu sais bien que ma fille a pas le sou. Elle a que ses agréments et son innocence. Je vas l'appeler, et tu vas pas y dire en face, à c'te malheureuse enfant, qu'après l'avoir conduite dans un piège, tu y fais réparation à contre-cœur.

JEANNE.

Vous voyez ce qui se passe, Jean! c'est une grande honte pour vous.

PIOTTON.

Et pour la commune que je représente!

SCÈNE IX.

Les Mêmes, MARIETTE, TOINET.

GERMINET, à Toinet qui entre.

L'as-tu appelée, ta sœur?

TOINET.

La v'là qui vient.

JEANNE, à Germinet.

Ma filleule a pas besoin d'assister à tout ça.

JEAN.

Mais non! il ne faut pas.

GERMINET.

Il faut, Jean... Vous pouvez rien commander chez moi. Il s'agit d'accordailles bien honnêtes... les enfants sont pas de trop.

SCÈNE X.

Les. Mêmes, GERVAISE.

GERVAISE.

Vous m'avez appelée, mon père? Je n'ai pourtant rien à dire ici.

GERMINET.

Ça se peut, mais on a à te dire, à toi!

GERVAISE.

Qui donc? Vous vous trompez, bien sûr.

JEAN, à Blanchon.

Allons, voyons, fais ta déclaration, puisque t'es décidé... Faut-il qu'on t'aide?

BLANCHON.

Je la ferai ben tout seul et aussi honnêtement qu'un autre. Mamselle Gervaise, me v'là pour vous demander pardon et rémission de mes torts. J'ai rien à dire pour vous les faire paraître petits, car c'est pas l'amour pour vous, c'est l'amitié que j'avais pour un ingrat, qui m'a porté à vous mentir. Et, quand je dis que c'est pas l'amour, faut pas croire que je vous trouve incapable d'en donner, car, si j'avais pas le cœur entortillé d'un regret que je peux pas dire, j'aurais peut-être bien tourné comme une héliotrope aux rayons de votre soleil ; mais, puisque la chose s'est arrangée de manière qu'il faut que ça soit vous mon soleil, et moi votre héliotrope, je suis pas un homme à vous offenser et à vouloir faire votre malheur. Du mieux que je pourrai... je vous ferai respecter de tout un chacun et de moi-même, et, si vous me jurez de retirer votre sentiment à qui le méprise pour en faire cadeau à qui vous estime... vous pouvez compter que, de ma part, j'arracherai, si je peux, le mien de ma tête et que j'en ferai le sacrifice à vos mérites. (Il se retourne pour essuyer ses yeux.)

PIOTTON.

Voilà qui est parlé supérieurement, et je n'aurais pas mieux trouvé, ma parole d'honneur !

GERVAISE, stupéfaite.

Autant que je peux vous entendre, monsieur Blanchon, vous me demandez en mariage?

MARIETTE, cachant sa figure dans le sein de Jeanne.

Ah ! marraine ! (Jeanne l'emmène dans l'enclos.)

JEAN.

Allons, Gervaise, faut répondre !

GERMINET, à Gervaise.

Je te défends de répondre ! tu peux pas encore savoir ni t'expliquer comme ça devant le monde ! Ça me suffit, à moi, que tu sois accordée avec Blanchon, on en causera ce soir tous les trois, et tu reconnaîtras l'utilité de la chose. (A Jean.) J'espère, Jean Robin, que vous avez rien à dire pour détourner ma fille de son

6

bonheur : autrement, elle serait la première à penser que vous avez sur elle une jalousie bien mauvaise.

JEAN.

De la jalousie, moi ? Si Gervaise croit que j'ai de la jalousie quand elle s'arrange avec un autre sans me donner le temps de la réflexion, elle a grand tort ! J'aurais cru qu'elle sauterait en arrière quand on lui offrirait une consolation si prochaine ! Mais, puisqu'elle est là bien tranquille, je tâcherai de faire comme elle fait et de me consoler avec celle-ci ou avec celle-là. (A Blanchon.) Tant qu'à toi, ce que tu fais là est d'un homme très-bon, je peux pas dire autrement ; mais c'est aussi d'une bête, car tu dois voir l'ennui que j'en ai, et, si tu veux savoir la chose... je ne veux point de ça ! non ! je ne le veux pas ! et, si tu regardes cette fille-là seulement une minute avec des yeux de propriétaire... je suis dans le cas de vous tuer tous les deux ! (Jeanne revient.)

BLANCHON.

Oh ! faut pas me parler comme ça, Jean ! ça ne convient plus... C'est pas par menace que tu m'empêcheras de tenir la parole qu'on m'a fait donner... J'ai plus peur de toi, depuis que je peux plus t'admirer. T'étais pour moi comme un dieu ; mais tu me fais voir que t'es pas seulement un homme, et, pour lors, je m'embarrasse pas de te contenter oui ou non... Tu m'as commandé le mal, t'as pas le droit de me défendre le bien ; c'est pas déjà si amusant pour moi d'oublier celle que j'aime, faut pas encore vouloir m'ôter l'estime de celle qu'on m'oblige d'aimer.

JEAN.

Oh ! plains-toi de ça, je te le conseille ! épouser la plus jolie fille du pays, la plus douce, la plus aimable... et la plus sage... Oui, je vous dis qu'elle est la plus sage, car elle m'aimait et me fuyait. Elle est la seule qui, au lieu de m'écouter au bout d'une semaine, m'a repoussé pendant un an ! Et c'est cette fille-là que tu prétends avoir pour femme, toi ? Tu l'auras pas, mille noms d'un tonnerre ! j'en jure, et, quand je devrais...

BLANCHON.

Jean !...

JEAN.

Y a plus de Jean... y a plus qu'un imbécile qui s'est laissé braver et frapper par ses sujets, un roi des sots qui a été le plus sot de son royaume, qui s'est fait insulter par un enfant (il montre Toinet), et berner par un vieux malin de père...

GERMINET.

Un père Lustucru, quoi?

JEAN.

Oui, un père Lustucru qui lui a tiré de l'argent pour...

GERVAISE.

De l'argent?

BLANCHON.

Quel argent?

JEAN.

Oh! j'y ai pas regret! si Gervaise avait réclamé tout ce que j'ai pour n'aimer que moi, j'aurais donné jusqu'à mon dernier sou, et bien content, encore! mais, quand c'est pour me trahir et me me quitter... non! ça ne sera pas, je vous dis! Il n'y a plus ni gloire ni courage, ni respect de moi qui tienne! c'est ma fin, c'est ma mort... qu'on me jette le drap sur la tête! mais j'aurai l'amour de la Gervaise et personne d'autre que moi ne l'aura jamais! Entendez-vous ça, Gervaise! vous serez plus malheureuse que les pierres du chemin, car je serai plus tyran et plus jaloux qu'un coq de bataille. Mais je vous aime comme une bête sauvage, comme un fou, comme un démon! chantez votre air de triomphe, me voilà maté! c'est fait, c'est dit, c'est fini, je vous épouse! (Il tombe assis en frappant des poings sur la table.)

BLANCHON.

A la bonne heure, Jean! embrasse-moi! (Jean le repousse.)

GERVAISE.

Mon père... il a parlé d'argent.

GERMINET, lui remettant les quittances.

V'là ce que c'est; fais de ça ce que tu voudras, c'est à toi.

(Gervaise déchire les papiers sans les regarder et les jette aux pieds de Jean. Germinet, se frottant les mains, à part.) J'étais sûr de ça!

GERVAISE.

Jean, voilà votre cadeau! Je ne vous en fais pas de reproche, vous me rendez service! vous me sauvez, car me voilà délivrée du charme que vous m'aviez jeté, et je vous vois comme vous êtes. Vous êtes un fou d'orgueil et d'insolence, vous ne savez plus ce que vous dites ni ce que vous voulez, et on ne peut pas être offensée par celui qui ne se connaît plus lui-même.

GERMINET.

C'est bien, ma fille! voilà ce que je souhaitais. Tu y donnes la leçon qu'il mérite... Et, à présent, tu vas, je pense, épouser l'autre sans regret.

BLANCHON, à part.

Diable!

JEAN.

Alors, Gervaise, c'est vous qui me refusez?

GERVAISE.

Oui, Jean, comme vous voyez, je vous refuse.

JEAN.

Sans vous soucier du chagrin et de la colère que vous me donnez?

GERVAISE.

Votre chagrin vient de l'amour-propre contrarié, c'est pas autre chose, allez! Je vous défends d'essayer de me défendre, ce serait me faire tomber encore plus bas que je ne suis... Je saurai bien avec le temps regagner, sans vous, l'estime des braves gens. (Mariette a reparu à la porte de l'enclos.) Quant à vous, Blanchon, je vous remercie, mais je n'accepte pas. Je sais à qui vous étiez destiné, et je vois qui vous aimez! J'en suis contente, vous avez réparé vos torts, nous serons amis. Et vous, Jeanne, vous êtes la plus douce et la meilleure des femmes; vous m'avez parlé comme à votre fille, vous m'avez rendu le courage; vous voyez que je ne suis pas indigne d'embrasser cette enfant-là ? (Elle embrasse Mariette et tend la main à Blanchon.)

BLANCHON.

Ah! merci, Gervaise!

GERMINET.

Tout ça, c'est bien! ça va bien! c'est comme je l'avais prédit au garde. Ma fille restera fille, mais on saura qu'elle l'a voulu et qu'elle a refusé les deux hommes qui lui ont attiré le scandale.

JEAN, qui a son couteau de poche à la main et qui a entaillé le bois de la table avec colère et préoccupation.

Eh bien, non, Germinet, vous m'accorderez mon pardon, vous! (Il pose son couteau machinalement sur la table.)

GERMINET.

Moi? Passez votre chemin, monsieur le coq du clocher! nos poules vous craignent plus.

JEAN.

Gervaise, tu veux donc que j'en meure?

GERVAISE.

Que vous...? Non, Jean, vous n'en mourrez point, et votre peine sera tôt passée! Vous pouvez vous en aller d'ici, on n'a plus rien à vous dire.

JEAN.

Ah! c'est comme ça que tu m'aimais! et j'ai cru, moi... Eh bien, c'est trop de honte et de chagrin. C'est plus que je n'en peux porter, moi qui ne connaissais pas ça. Vous me détestez et vous me méprisez, Gervaise? c'est votre dernier mot?... Alors, qu'est-ce que c'est qu'un homme qui aime sans être aimé? C'est un homme de trop sur la terre. (Se frappant le front.) Ah! c'te blessure qui aurait dû me tuer!... dire que ça n'est rien! La mort a pas voulu de moi... (Voyant son couteau sur la table.) Mais je saurai bien la forcer de me prendre...

GERVAISE, avec terreur, lui voyant saisir le couteau.

Jean!...

Un cri général. Blanchon s'élance et retient le bras de Jean, tandis que Gervaise se jette sur sa poitrine. Mariette tombe à genoux.

GERVAISE.

Je t'aime!

JEAN, éperdu.

Tu dis...?

GERMINET.

Elle vous pardonne!

TOINET.

Oui, Jean, nous te pardonnons.

JEAN.

Ah! ma Gervaise!

BLANCHON.

Ah! ma Mariette! (Il s'arrête inquiet, voit Jean aux pieds de Gervaise, et, par instinct d'imitation, s'agenouille dans la même pose aux pieds de Mariette.)

JEAN.

Ma belle et bonne Gervaise!

BLANCHON.

Ma belle et bonne... madame Jeanne!

PIOTTON, pleurant.

C'est ce qui vous prouve, jeune homme, et vous, jeunes fiancés, que l'amour...

BLANCHON.

Garde, vous en direz pas plus long : faut que je vous embrasse!

FIN.

PARIS. — J. CLAYE, IMPRIMEUR, RUE SAINT-BENOÎT, 7.

Contraste insuffisant

NF Z 43-120-14

www.ingramcontent.com/pod-product-compliance
Lightning Source LLC
Chambersburg PA
CBHW060632100426
42744CB00008B/1603